CHALLENGE ACCOUNTING

チャレンジ・アカウンティング

四訂版

藤井 則彦
Fujii Norihiko

藤井 博義　著
Fujii Hiroyoshi

威知 謙豪
Takechi Norihide

同文舘出版

四訂版の刊行にあたって

　三訂版の公刊から9年が経過した。この間，新型コロナウイルスの蔓延を
はじめとして，経済活動や人々の生活に大きな影響を与える出来事を経験し
た。同時に脱炭素社会やSDGsへの関心の高まりなど，社会の環境も大きく
変化している。

　本書の扱うアカウンティングにおいても，会計基準の新設・改正，改正会
社法の施行，法人税法の改訂などが行われた。四訂版では，これらの変化を
反映させながら，各種データを最新版にアップデートさせて，主に以下の点
を中心に改訂した。

　第2章の「財務会計」では，2021年4月以降の開始年度から適用された
「収益認識に関する会計基準」（企業会計基準第29号）を反映させた。

　第4章の「国際会計」では，IFRSのわが国への適用状況をアップデート
し，また，日本基準とIFRSの主な相違点であるのれんの会計処理について
も触れた。

　第7章の「税務会計」では，返品調整引当金制度の廃止や交際費における
特例の変更など，最新の法人税法の改正を反映させた。

　第8章の「監査会計」については，2018年の「監査基準の改訂に関する
意見書」により導入された「監査上の主要な検討項目（KAM）」について触
れ，最新の監査基準を反映させた。

　なお，小書は藤井則彦，藤井博義，威知謙豪の3人による執筆であるが，
三訂版まで中心となってとりまとめを行っていた編者の藤井則彦が他界した
ため，四訂版では藤井則彦の担当箇所のうち，第1章，第2章第1節〜第7
節，第7章を藤井博義が引継ぎ，第2章第8〜9節，第8章を威知謙豪が引
継いで改訂を行った。執筆者はいずれも浅学菲才であることから，思わぬ誤
解や勘違いをしている点もあるかもしれない。この点については読者諸賢の
ご指摘，ご叱正によりさらなる研鑽を重ね，元編者の想いをしっかりと受け

継ぎながら，本書をより一層充実したものとしていきたいと念じている次第
である。

　最後に，今般の改訂にあたっては同文舘出版株式会社の中島治久代表取締
役会長，中島豊彦代表取締役社長，青柳裕之取締役出版部長をはじめ同社の
スタッフの皆様には大変お世話になった。ここに感謝の意を表する。

　令和5年仲春

藤井　博義

序　　文

　一言でアカウンティング（会計）といっても，種々の領域・分野・内容がある。つまり，財務会計（外部報告会計），分析会計（財務諸表分析），国際会計，管理会計（内部報告会計），原価会計（原価計算），税務会計そして監査会計（監査論）などである。小書の目的はこれらの各領域・分野・内容についての基礎的かつ基本的な説明により，アカウンティングの全体像を把握することにある。全体を知らずして，個々の深い知識のみを習得しても，それは単に知識の集積に過ぎず，応用力のつかない無意味なものになってしまうであろう。

　諺にもあるように，「木を見て森を見ず」では無意味な勉強になってしまうであろう。なぜならば，アカウンティングは実学であるから，実際に役に立たなければ，それは単に自己満足にすぎないからである。そこで，小書は上述のアカウンティングの各領域・分野・内容について，アカウンティングの全体像の中で把握，理解できるように解説している。

　したがって，小書はアカウンティングについての初学者，たとえば，大学においては1回生を対象にアカウンティングの全体的な基礎，基本を習得することを念頭に置き，高度かつ複雑な表現，内容は極力避けるよう工夫している。

　以上の主旨により，小書の構成は次のとおりである。第1章「イントロダクション」ではアカウンティングの全体像として第2章以下の各章の関連について解説している。これをベースに，第2章ではアカウンティングの最も基礎，基本である「財務会計—財務諸表」について財務諸表との関連で解説しているが，分量的には他の章に比べて多くなっているのは当然といえよう。第3章「分析会計」では第2章で取り上げた各種の財務諸表を分析し，第4章「国際会計」では第2章の財務会計との関連で，国際的観点から説明している。第5章「管理会計」では第2章の財務会計と対比して解説し，第6章「原価会計」では第5章の管理会計との関連で取り上げている。第7章「税務会計」では企業会計（財務会計）と対比して，両者の相違点を中心に解説している。最後の第8

章ではアカウンティングの締めくくりとして「監査会計」を取り上げている。

　周知のように，会社法は 2005（平成 17）年 6 月 29 日に成立し，同年 7 月 26 日に「法律第 86 号」として公表された。これをうけて 2005（平成 17）年 11 月 1 日に『エッセンシャル・アカウンティング』を上梓した。しかし，会社法本体は公表されたものの，具体的な「会社法施行規則」（法務省令第 12 号）および「会社計算規則」（法務省令第 13 号）が公布されたのは，2006（平成 18）年 2 月 7 日である。

　このような経緯により，今般，『エッセンシャル・アカウンティング』を全面的に改訂し，新版として上梓することとした。『エッセンシャル・アカウンティング』は藤井則彦 1 人がアカウンティングの全領域・分野について執筆したが，今般，新版として上梓するにあたっては，新進気鋭の研究者に各専門領域について，分担執筆を依頼し，3 人の共同執筆という形をとることにした。

　つまり，第 1 章「イントロダクション」，第 2 章「財務会計―財務諸表―」，第 7 章「税務会計」および第 8 章「監査会計」については藤井則彦が，第 3 章「分析会計」と第 4 章「国際会計」を威知謙豪が，第 5 章「管理会計」と第 6 章「原価会計」を藤井博義が執筆分担した。

　このように，小書は 3 人による共同執筆ではあるが，各章の間に矛盾が生じないように，何度も全員で推敲したが，それでも万一矛盾があれば，その責任は小書の取り纏めとしての編著者としての私（藤井則彦）にあることは言うまでもない。

　筆者はいずれも浅学非才であるから，思わぬ誤解や勘違いにより過ちを犯している点もあるかと思うが，この点については読者諸賢のご指摘，ご叱正によりさらなる研鑽を重ね，より一層充実したものにしたいと念じている。

　最後に，小書の上梓にあたっては，小書の執筆の主旨をご理解頂き，快くお引き受けいただいた同文舘出版株式会社の中島治久代表取締役，市川良之取締役出版部長ならびに同社のスタッフの皆様に感謝申し上げる次第である。

　　平成 19 年盛夏

編著者　　藤井則彦

目　　次

第1章　イントロダクション　1

第2章　財務会計―財務諸表　15

第6章　原 価 会 計　117

第7章　税　務　会　計　137

チャレンジ・アカウンティング
―四訂版―

第1章

イントロダクション

　アカウンティング（会計）の全体像を概観した上で，アカウンティングには種々の領域・分野があるから，それらについて説明する。しかし，その中でも特に財務会計（外部報告会計）と管理会計（内部報告会計）が中心であり，両者を比較して説明する。また，企業を取り巻く外部・内部の利害関係者（ステークホルダー）としては種々存在し，各々の利害関係者は会計情報を利用しているので，これらについて説明し，さらに会計情報の特性についてふれる。要するに，本章では，アカウンティングの必要性・重要性を認識することを目標とする。

アカウンティングの全体像
簿記とアカウンティングとの関係を含めて
第 1 節

　まず，アカウンティング(Accounting)の全体像を図示すれば，図表 1-1 のとおりである。

　図表 1-1 について簡単に説明するが，より一層の説明は第 2 節で行う。

① 　図表 1-1 の全体がアカウンティング(会計)であって，アカウンティングには種々の領域があるから，アカウンティング各論が存在する。

② 　取引から決算の途中までが，特にわが国の場合，簿記(Bookkeeping)と表現されているが，簿記も含めて広くアカウンティングである。そして，簿記とアカウンティングの関係は，簿記は計算技術で，アカウンティングは理論といえよう(簿記とアカウンティング)。

③ 　製造業の場合には，製造原価の計算が必要であって，財務諸表の一部として「製造原価報告書」が作成される(原価計算・原価会計)。

④ 　決算の後を受けて，各種の財務諸表が作成される(財務諸表論)。

⑤ 　その財務諸表を企業外部の種々の利害関係者に報告する会計を財務会計(外部報告会計)といい，企業内部の経営管理者に報告する会計を管理会計(内部報告会計)という(財務会計と管理会計)。

図表 1-1　アカウンティングの全体像

```
取引→記帳→決算→財務諸表の作成→財務諸表分析→監査会計
　　└─────┘
　　原価計算
　　(原価会計)
　　簿　記　　　　　　財務諸表論　　　財務諸表分析
　　　　　　　　　　　┌財務会計→外部分析→外部監査
　　　　　　　　　　　└管理会計→内部分析→内部監査
　　　　　　　　　　　　税務会計
　　　　　　　　　　　　国際会計
　　└──────────────────────────┘
　　　　　　　　　　アカウンティング
　　　　　　　　　　　　財務管理論(隣接科目)
```

⑥　作成された財務諸表を分析することにより，企業の状況・結果を判断するのを，**分析会計（財務諸表分析・経営分析・財務分析）**といい，企業の外部利害関係者（投資家・債権者等）が行う場合を**外部分析**，企業内部の利害関係者が行う場合を**内部分析**という（財務諸表分析）。

⑦　一連のアカウンティングの流れが終了した後，その実施されたアカウンティングが適正であるか否かを検査するのが，**監査会計（監査論）**であって，アカウンティングを裏から見た場合である。その場合，企業外部の企業とは利害関係のない**公認会計士**や**監査法人**等が監査する場合を**外部監査**といい，企業内部の監査人による監査を**内部監査**という（監査会計）。

⑧　以上，⑤⑥⑦の関係から，財務会計→外部分析→外部監査，そして管理会計→内部分析→内部監査という関係が読み取れる。

⑨　世界各国には各国独自のアカウンティングが存在し，わが国についても同様である。したがって，各国間で相違があるのは当然である。しかし，昨今の企業の国際化・グローバル化によって，アカウンティングについても国際化の必要性がクローズ・アップされてきた。そこで，種々の機関が国際化について取り扱っているが，その最たるものが**国際会計基準委員会（IASC）**による**国際会計基準（IAS）**である。そして2001年4月より国際会計基準審議会（IASB）に変更され，**国際財務報告基準（IFRS）**と称されるようになった（国際会計）。

⑩　アカウンティングは一般には，企業を対象として取り扱うから，企業会計という。企業はこの企業会計に従って会計処理を行い，報告する。しかし，わが国の場合，所得の計算である税務計算は企業会計をベースにしながらも，そこには種々の食い違いがある。そのため，企業は税務申告に際しては**税務会計**に従って修正しなければならない（税務会計）。

⑪　アカウンティングと隣接する諸科学としては，上述の⑥で触れた財務諸表分析の結果，次期以降将来の経営計画等に役立てるために**財務管理論**があり，これは経営学の範疇に入るといえるが，資金を取り扱う点か

らアカウンティングに隣接しているといえる(財務管理論)。

アカウンティング各領域と関連領域
会計情報の特性に関連して

　アカウンティングは机上の学問ではなく，現実に実社会で日常行われているものであるから，実践科学であることを認識すべきである。しかも，アカウンティングは企業のみに有用であるのではなく，家庭でも，国家でも，地方公共団体においても，また昨今のNPO(非営利組織)やNGO(非政府組織)においても，その方法には差異があっても実際に行われており，必要なものである。ただ，通常は企業を対象としているにすぎず，昨今の「官」の民営化問題に照らせば，自ずから理解できよう。

　第1節でもふれたように，アカウンティングには種々の領域(分野)があるが，その中心は財務会計と管理会計であるから，この両者の比較を説明した上で，アカウンティング各領域が財務会計に属するのか，それとも管理会計に属するのかについて検討する。また，企業内外の利害関係者は，企業からの会計情報を利用して判断や意思決定をするが，財務会計と管理会計とでは，会計情報の特性に相違があるので，この点についてもふれる。なお，財務会計については第2章で，管理会計については第5章で取り上げる。

　財務会計(Financial Accounting)とは，企業が1年間営業活動を行い，その結果，いくらの儲けがあったか(いくらの利益をあげたか)，あるいはいくらの損をしたのか(いくらの損失を出したのか)，1年という会計期間が終了した時点で，いくらの財産があるのか，また現金の流れの状況がどうなっているのかなどを計算し，企業に関係する種々の外部利害関係者(投資家・債権者等)に報告するアカウンティングである。したがって，このアカウンティングでは各種の利害関係者の利害を損なわないために客観性が求められるから，そこには財務会計に関する種々の法規・基準あるいは原則(会社法・金

融商品取引法・企業会計原則・企業会計基準等)によって処理・報告しなければならない。つまり，形にはまった公式のアカウンティングであって，企業にとっては実施が強制されているアカウンティングである。なお，財務会計に関する法規，基準・原則については本章第4節で説明する。

　会計情報の特性については，財務会計の場合には，検証可能性の基準と不偏性の基準が特に重要である。つまり，財務会計の場合，各々の外部利害関係者が直接，企業の内部資料にタッチできず，第三者による監査証明書が要求されるから，検証可能性が高くなければ，情報としての価値がない。また，外部利害関係者には利害の対立する種々の利害関係者が存在するから，特定の利害関係者に偏向した情報を提供してはならない。また，量的表現可能性の基準については，貨幣金額による情報が有用性から必要である。

　これに対して，管理会計(Management Accounting)とは，経営管理のためのアカウンティングであって，企業を継続維持させ，現在よりも発展成長させるためのデータを作成し，経営管理者に提供し，経営管理者はそのデータを参考にして，今後の経営方針・経営計画を樹立することになる。したがって，このアカウンティングは企業により方法も異なり，形にはまらないアカウンティングであって，実施するか否かも企業の任意であり(実施する方が好ましいのは当然だが)，当然，法的な束縛もないから，むしろ経営学に近いアカウンティングといえよう。

　会計情報の特性については，管理会計の場合には，目的適合性の基準が最も重要である。企業内部の経営管理者が会計情報を利用するのであるから，利用者の要求を念頭において，それに適合するような情報を伝達する必要がある。また，量的表現可能性の基準については，貨幣金額の他に，非数量的情報を追加する必要がある。

　以上，両者の相違は，財務会計が企業外部の利害関係者の意思決定に有用な会計情報を提供するアカウンティングであるのに対して，管理会計は企業内部の経営管理者の意思決定に有用な会計情報を提供するアカウンティングであるといえよう。いずれも利害関係者の意思決定に役立つ情報の提供がア

カウンティングであって，提供する相手が異なるにすぎない。したがって，財務会計を外部報告会計，管理会計を内部報告会計と表現した方が妥当といえよう。

次に，以上の財務会計と管理会計をベースに，各種のアカウンティングについて検討する。

財務諸表論は簿記という計算技術を前提として，種々の法規，基準・原則に従って，**損益計算書**(Profit and Loss Statement, P/L または Income Statement, I/S)，**貸借対照表**(Balance Sheet, B/S)，**キャッシュ・フロー計算書**(Cash Flow Statement, C/F)等の財務諸表を作成するのが内容であるから，財務会計そのものである(第2章)。

分析会計，つまり，**財務諸表分析**または**経営分析**は，上述の財務諸表を種々の観点から分析し，その企業の実態を把握することを内容とする。この場合，企業外部の利害関係者にとっては，例えば，投資家は当該企業の内容を分析して，今後も引き続きその企業の株主であるべきか，それとも他の企業へ投資すべきか等の判断・意思決定をしなければならない(これを投資分析または証券分析という)。また銀行等の債権者は当該企業への貸し付けを継続すべきか，それとも中止すべきか等の判断・意思決定をしなければならない(これを信用分析という)。以上のような場合を外部分析という。これに対して，企業内部の経営管理者が将来の経営方針・経営計画を樹立する際の資料を経営管理者に提供するために行う分析を内部分析という。

なお，財務諸表分析と経営分析については，同じように使用されている場合があるが，**財務諸表分析**は前述の財務諸表そのものを分析するから，貨幣金額による分析(定量分析)であるのに対して，**経営分析**は財務諸表の分析に加えて当該企業の質的要素をも分析(定性分析)する点からして，経営分析の方が広い概念といえよう。

以上により，財務諸表分析または経営分析は財務会計と管理会計の両方にかかわるといえよう(第3章)。

管理会計は前述したとおりであって，その主な内容は意思決定に関する問

題とその結果としての業績評価に関する問題である。しかし，昨今，時代の
テンポが早く，そのため意思決定に重点がおかれている。なお，管理会計は
後述の原価会計・原価管理と大いに関連があるし，また後述のアカウンティ
ングとの隣接科目としての財務管理論と内容的に関連がある（第5章）。

　原価会計(Cost Accounting)は簿記のうちの**工業簿記**をベースに，これまで
は主として**製造原価報告書**の作成を内容としていたが，今日，企業の原価管
理，コスト・マネジメントとしての役割が大きく，その意味では，単に，原
価計算というよりも原価会計と表現する方が妥当といえよう。したがって，
原価会計または原価計算は，財務会計と管理会計の両方にまたがっていると
いえよう（第6章）。

　国際会計(International Accounting)に関しては，昨今の企業の国際化・多国
籍化に伴い，アカウンティングも自国のアカウンティングのみでは対応でき
なくなってきた。つまり，世界の国々における企業の**財務諸表**の比較可能性
が問題になってきた。そこで，国際会計が昨今脚光を浴びている次第であ
る。そのためには**国際会計基準**(IAS)，**国際財務報告基準**(IFRS)をはじめと
した世界各国のアカウンティングの調和・統一・コンバージェンス(収斂)・
アドプションのための基準作りが行われている。このようにみれば，国際会
計は財務会計に属するといえるが，企業は世界の各国に現地法人等をもつ場
合，国際的に管理する必要があるから，国際会計は管理会計とも関係がある
といえる（第4章）。

　税務会計(Tax Accounting)は企業利益に対して課税所得計算を行い，税務
当局に対して申告するためのアカウンティングであって，財務会計（企業会
計）をベースに税務会計独特の考え方に従って調整計算しなければならない。
したがって，財務会計に関する種々の法規はもちろんのこと，税法(**法人税
法**等)を知らなければならない。このように，課税所得の計算そして納税と
いう視点からは，税務会計は財務会計に属するといえよう。しかし，企業が
納税に関して経営管理という立場から，納税を管理すると考えれば，税務会
計は管理会計にも関係があるといえる。つまり**税務管理会計**といえよう（第7

8

章)。

　監査会計(監査論)(Auditing)は企業の作成した報告書である財務諸表が適正であるか否かを検査するアカウンティングであるから，一般に**財務諸表監査**と表現される。もちろん，監査会計は財務諸表の監査のみではないが，この点の詳細は第8章で取り上げる。したがって，監査会計はこれまで取り上げてきた種々のアカウンティング，特に財務会計の結末といえよう。つまり，企業の実態を裏からみることになる。以上の点からすれば，監査会計は財務会計に属するといえるが，しかし，監査の結果，当該企業の次期以降の経営方針・経営計画に役立てると考えれば，管理会計にもかかわるといえよう(第8章)。

　以上，本節では，小書で取り上げる各アカウンティングについての概略を，基本的な財務会計と管理会計とのかかわりを軸に述べてきた。しかし，この他に，**情報会計**という表現のアカウンティングがあるが，これまで述べてきたように，アカウンティングはもともと情報提供にあるから，企業の外部利害関係者に情報提供すれば**外部情報会計**となるし，企業内部の利害関係者に情報提供すれば**内部情報会計**となるにすぎない。

　昨今，アカウンティングの領域も拡大しており，種々のアカウンティングが存在するが，その中でも注目されているのが**環境会計**である。今日，経済のグローバル化・市場経済化の時代といわれているが，市場経済そして，世界の企業が競争原理にばかり目を向け，世界の環境問題を無視した場合，果たして将来地球はどうなるであろうか。ここに，アカウンティングの新しい領域として環境会計がクローズ・アップされてきた。いうまでもなく，アカウンティングは貨幣金額による計算・表示をベースにしているが，この環境会計は従来のアカウンティングの枠を超えた計算および計算書が必要となる。例えば，わが国でも多くの企業が環境会計に取り組んでおり，その場合の計算書は「緑字決算報告書」と称している。近年，カーボンニュートラルとともにますますこの領域が注目されている。

　本節の最後に，アカウンティングに関連ある分野(領域)について述べる。

経営はヒト・モノ・カネ・情報といった資源を活用することによって行われるが，このうちカネ(資金)の問題を取り扱うのが，経営学のうちの**財務管理論**(Financial Management)であるから，財務管理論はアカウンティングと密接な関係にある。特に，アカウンティングの中でも管理会計との関係が深いといえる。

会計情報と各種利害関係者　

　企業には種々の利害関係者(ステークホルダー)が存在するが，各々の利害関係者は企業からの会計情報を利用して，各々の立場で判断し，意思決定している。企業外部の利害関係者としては種々存在するが，その中でも比重の高い利害関係者は，その企業に出資している投資家あるいは株主とその企業にお金を貸し付けている**債権者**である。投資家あるいは株主はその企業に出資し，その見返りとして利益の一部の分配(これを**剰余金の分配・配当**という)と当該企業の株価の上昇による値上がり益(これを**キャピタルゲイン**という)を期待している。したがって，当該企業が利益を計上し，配当を継続して実施すれば，投資家あるいは株主は当該企業の株式を継続して保有あるいは新規購入するが，配当の減少(これを**減配**という)あるいは無配となれば，投資家あるいは株主は，当該企業の株式を売却あるいは他の企業の株式を購入するであろう。このように，投資家あるいは株主は会計情報によって判断し，意思決定している。したがって，当然，投資家あるいは株主は，当該企業の損益計算に関心があることになる。これに対して，債権者はその企業にお金(資金)を貸し付け，その見返りとして利息を要求する。利息とともに貸し付けた資金の回収と担保価値が問題であるから，債権者は確実に利息の支払いを受け，かつ貸し付けた資金の確実な回収に関心があるから，債権者は当該企業の損益計算に関心があるのは当然であるが，それ以上に当該企業の

財産内容に関心がある。

このように，外部利害関係者の中で比重の高い投資家あるいは株主と債権者は当該企業の会計情報についての関心のおきどころに相違がある。ここに，アカウンティングのもう1つの役割である利害調整機能がクローズ・アップされる。

以上の他に，外部利害関係者としては国税当局がある。国税当局は企業が利益を計上した場合，そのうちから約23.2%（2022年現在）を税金（法人税，住民税および事業税）として徴収する。この意味では，国税当局も外部利害関係者には違いがないが，その関与はあくまで事後的なものである。また，その企業に原材料や部品等を納入している仕入先は，その企業の損益状況や財産内容を常に監視して，当該企業への納入の適否を判断しなければならない。また，消費者や一般大衆は，その企業の提供する製品が良質で，適正な価格で販売されているかを判断し，意思決定しなければならない。さらに，地域住民は，その企業が利益ばかり追求し，公害等環境に配慮しているか否かを監視し，その結果によっては，当該企業の製品の不買運動をすることもありうる。最後に，役員でない従業員については，当該企業と契約によって結ばれており，彼らは企業に対して労働力を提供し，その見返りに報酬を受け取るが，その際，自己の労働力が正当に評価されているか否かについて判断しなければならない。

一方，企業内部の利害関係者としては，経営管理者が存在するが，彼らは，当該企業の会計情報を利用して，当該企業の継続維持，成長発展に尽力しなければならないから，過去の会計情報を利用して，将来の判断・意思決定をしなければならない。

以上のように，企業を取り巻く各種の内外の利害関係者は，それぞれの立場で会計情報を利用し，判断・意思決定している。会計情報を正しく判断できなければ，利害関係者としては不利な結果を招くことになるのはいうまでもない。

財務会計における法規および基準・原則

第2節でふれたように，財務会計は種々の法制度の規制を受けているから，制度会計と呼ばれることがある。財務会計に密接に関連する法規には，かつての商法の流れを汲む会社法と，かつての証券取引法・投資信託法・金融先物取引法を統合した金融商品取引法がある。

また，企業は投資家や債権者などの外部利害関係者に経営成績，財政状態およびキャッシュ・フローの状況などに関する情報を開示するが，こうした企業内容の開示をディスクロージャーという。

会社法(Corporation Law)は会社特に株式会社を対象として，債権者と現在株主を保護する目的で，旧商法に代わって，2005(平成17)年6月29日に成立し，同年7月26日に「法律第86号」として公表された。その後，2006(平成18)年2月7日に「会社法施行規則」(法務省令第12号)，および「会社計算規則」(法務省令第13号)が公表され，同年5月1日から施行されるようになった。なお，2014年に第一次改正が行われ，2019年12月11日に改正会社法が公布され，2021年3月1日より施行された。今回の改正の目的は，社会経済情勢の変化に対応するため，株主総会の運営や取締役の職務執行の一層の適正化を図ることにある。

金融商品取引法は2006(平成18)年5月7日に成立し，2007(平成19)年9月30日に全面的に施行されるようになった。この法律は投資家保護を目的とし制定されたものであって，証券取引所への上場会社が適用対象となる。なお，最新改正は2022(令和4)年9月12日である。そして財務諸表等規則[1]は1963(昭和38)年に大蔵省令第59号として制定され，最新改正は2021(令和3)年9月24日であり，財務諸表等規則ガイドライン[2]は2000(平成12)年に制定され，最新改正は2021(令和3)年9月24日であり，これらは金融商品取引法の適用対象となる会社が，監督官庁に提出する有価証券

報告書に記載する財務諸表について，その作成方法を定めたものである。

　なお，法人税法も財務会計と関連のある法規であるが，これは課税が公平に行われることを目的として，課税所得の計算について定めており，会社法と密接にかかわっている。しかし，法人税法については第7章の税務会計に直接関係があるので，ここでは財務会計に直接関係のある法規としては，会社法関係と金融商品取引法関係に限定される。

　1949(昭和24)年7月9日に設定され，1982(昭和57)年4月20日に最終改正された企業会計原則は，企業会計の実務の中に慣習として発達したものの中から，一般に公正妥当と認められたところを要約したものである。したがって，企業会計原則は，法的強制力はないが，すべての企業が従わなければならないものであるとして，法規に準じたものと解釈される。企業会計原則は，一般原則，損益計算書原則，貸借対照表原則から構成されている。そして，一般原則は，企業会計の全般に関する基本的な原則を示しており，7つの原則(真実性の原則，正規の簿記の原則，資本取引・損益取引区分の原則，明瞭性の原則，継続性の原則，保守主義の原則，単一性の原則)から成り，抽象的に表現されている。損益計算書原則と貸借対照表原則は，損益計算書と貸借対照表を作成する上での会計処理と表示方法を具体的に示している。さらに，企業会計原則注解が設けられている。

　なお，この企業会計原則は，その設定主体が旧大蔵省主導の「企業会計審議会」であったが，2001(平成13)年7月1日に民間主導の「財務会計基準機構」(FASF)の「企業会計基準委員会」(ASBJ)が設立され，新しい企業会計基準を公表している。2006(平成18)年8月11日公表の第1号「自己株式及び準備金の額の減少に関する会計基準」から2020(令和2)年3月31日公表の「会計上の見積りの開示に関する会計基準」第31号まで31の企業会計基準が公表されている。

　なお，この点については第4章国際会計に関連があるので p.88 以降を参照のこと。

(注)
(1) 正式には,「財務諸表等の用語,様式及び作成方法に関する規則」という。
(2) 正式には,「財務諸表等の用語,様式及び作成方法に関する規則」の取扱いに関する留意事項についてという。

〔演習問題〕
1. 簿記とアカウンティングとの関係についてどのように考えますか。
2. アカウンティングには種々の領域(分野)があるが,その名称を列挙しなさい。
3. アカウンティングは一般に大きく,財務会計(外部報告会計)と管理会計(内部報告会計)とに分かれるが,各々について説明しなさい。
4. 企業を取り巻く各種の利害関係者を列挙し,各々が会計情報をどのように利用しているか説明しなさい。
5. 財務会計に関係のある法規,基準・原則にはどのようなものがあるか指摘し,各々について簡潔に説明しなさい。

(参考文献)
財務会計基準機構編,財務会計基準委員会『財務会計基準第1号〜第31号』。
中央経済社編〔2005〕『会社法』中央経済社。
中央経済社編〔2010〕『「会社法」法令集(第七版)』中央経済社。
藤井則彦〔1997〕『日本の会計と国際会計(増補第3版)』中央経済社。
藤井則彦〔2005〕『エッセンシャル・アカウンティング』同文舘出版。
藤井則彦・山地範明〔2009〕『ベーシック・アカウンティング(改訂版)』同文舘出版。

第2章

○ ○

財務会計─財務諸表

　　アカウンティングには種々の領域・分野があるが，その中で基本的な領域・分野は財務会計である。つまり，企業は1年に1回決算を行い，その結果を種々の利害関係者，特に外部の利害関係者に報告しなければならない。その報告書として種々の財務諸表を作成しなければならない。このように，財務諸表の作成が財務会計の領域の中心課題である。

　　したがって，財務会計が十分理解できなければ，他のアカウンティングの領域・分野の理解は困難である。いわば，アカウンティングの出発点ともいえよう。

　　そこで，本章では，種々の財務諸表について，その内容につき各項目に触れながら説明する。

財務諸表

第 **1** 節

わが国の財務会計に関する法規としては，会社法，会社法施行規則(法務省令第47号)および**会社計算規則**(法務省令第6号)と金融商品取引法における**財務諸表等規則**(正式には，財務諸表等の用語，様式及び作成方法に関する規則)および**財務諸表等規則ガイドライン**(正式には，「財務諸表等の用語，様式及び作成方法に関する規則」の取扱いに関する留意事項について)があり，各々の規則により財務諸表の体系(内容)が異なる。

会社法関係によれば，会社法第435条および会社計算規則第58条および59条に基づけば，財務諸表として次のものをあげていることになる(詳細は第1章第4節を参照)。

① 貸借対照表

② 損益計算書

③ 株主資本等変動計算書

④ 個別注記表

⑤ 事業報告

⑥ 附属明細書

財務諸表等規則によれば，財務諸表等規則第1条において財務諸表として次のものをあげている。

① 貸借対照表

② 損益計算書

③ 株主資本等変動計算書

④ キャッシュ・フロー計算書

⑤ 附属明細表

貸借対照表

1.　貸借対照表の意義

　貸借対照表(Balance Sheet, B/S)とは，企業における一定時点(通常は年1回の決算時点)の財政状態を示した一覧表である。なお，2008(平成20)年度から上場企業においては，3ヵ月ごとの四半期報告制度を義務付けており，貸借対照表のみならず，後述の損益計算書，キャッシュ・フロー計算書も対象になっているが，企業の負担を軽減するために2011(平成23)年度からは，キャッシュ・フロー計算書の開示は除外されている。

　借方には各種の資産勘定が表示され，資本の運用状況を示しており，貸方には負債勘定と純資産勘定が表示され，資本の調達方法を示しており，借方の合計金額と貸方の合計金額は一致する。貸借対照表のモデルは6, 7を参照のこと。

2.　資　　　産

(1)　資産の意義，分類および評価基準

§1　資産の意義

　貸借対照表の借方に表示されている資産(assets)勘定には数多くの勘定科目があるので，これらをひとまとめにして定義(概念)づけることは困難である。そこで，**貨幣性資産**と**費用性(原価性)資産**に分けざるをえない。

　貨幣性資産とは，企業の有する財貨および権利をいい，現金預金，受取手形，売掛金，貸付金などが該当し，費用性資産とは，将来の収益に対応される未費消の費用のプール，つまり，販売もしくは使用によって資産としての

価値を失い，費用に変わっていくものとして，商品，建物，器具備品などが該当する。

§2 資産の分類と流動・固定の区分

資産は種々の視点から分類されるが，わが国の企業会計原則では流動資産，固定資産および繰延資産に分類している。

流動・固定の区分の基準としては，営業循環基準(normal operating cycle basis)と1年基準(one year rule)があり，前者が優先して適用される。営業循環基準とは，現金→仕入→生産→売上→現金という営業循環過程内にある資産を流動資産とし，受取手形，売掛金，前払金など当該企業の主目的たる営業取引により発生した債権ならびに商品は流動資産に属する。これに対して，営業循環過程に関係のない資産は1年基準によって流動・固定に区分している。例えば，貸付金や当該企業の主目的以外の取引によって発生した未収金などの債権は，貸借対照表日の翌日から起算して，1年以内に入金の期限が到来するものは流動資産に属し，入金の期限が1年をこえて到来するものは固定資産のうちの投資その他の資産に属する。なお，破産債権，更生債権については1年基準の適用を受ける。また預金および有価証券についても1年基準による(なお，後述の負債についての流動・固定の区分の基準についても同様である)。

§3 資産の評価基準

資産の評価とは，一定時点(通常は決算時点)における資産の価額を決定することであり，その基準としては原価基準(原価主義・原価法)，時価基準(時価主義・時価法)および低価基準(低価主義・低価法)がある。

原価基準(cost basis)とは，購入原価あるいは製造原価である取得原価(acquisition cost)をもって評価する方法であって，資産の評価については原則としてこの原価基準によっている。

時価基準(market value basis)とは，評価時点(一般には決算日)の時価(市場

価格・公正価値)をもって評価する方法であって，昨今の国際的な流れはこの評価方法に基づいているので，売買目的の有価証券など一部についてはこの評価方法に従っている。

　低価基準(cost or market, whichever is lower basis)とは，原価と時価を比較して低い方の価額によって評価する方法であるが，継続して適用するという条件のもとで認められている。

　以下，各種資産について評価を視野に入れて説明する。

（2）　流 動 資 産

　流動資産(current assets)とは，速やかに現金化する資産をいい，当座資産，棚卸資産およびその他の流動資産に分けられる。

§1　当 座 資 産

　当座資産(quick assets)には，現金預金，受取手形，売掛金，売買目的有価証券等がある。

　①　現金(cash on hand)には通貨以外に当座小切手(checks received)，送金小切手(remittance checks)，送金為替手形(bank remittance bills)，預金手形(certified checks)および郵便為替証書(certificates of postal money orders)等の通貨代用証券を含む。預金(cash in banks)には普通預金，定期預金，通知預金，当座預金(current account)等および郵便貯金がある。現金預金の評価については，外国通貨を所有している場合には為替変動により評価が必要であるが，一般には，価額が変化しないから，評価は不要である。

　②　受取手形(notes receivable)と売掛金(accounts receivable)は，企業間信用により生じた債権であり売上債権という。受取手形は通常の商取引により生じた手形債権であり，売掛金は信用による商品売買取引により得意先との間に生じた債権である。これら売上債権のうち一般債権についての評価については，売上債権から正常な貸倒見積高に基づいて算定された貸倒引当金を控除して評価する(貸倒懸念債権，破産更生債権の評価は別扱い)。そして貸借

対照表における表示は原則として次の形式による(なお，注記方式等もある)。

受取手形または売掛金	100,000	
貸倒引当金	5,000	95,000

③　**有価証券**(securities)には，ここで取り上げている流動資産としての有価証券と，固定資産の投資その他の資産に分類される有価証券がある。前者には，一時所有の売買目的の有価証券，1年以内に満期が到来する社債その他の債券があり，後者には1年をこえて満期が到来する社債その他の債券，子会社・関連会社株式，市場価格のない株式およびその他有価証券がある。したがって，有価証券は図表2-1のように分類され，各々の評価基準が異なる。

図表 2-1　有価証券の分類と評価方法

分　類	内　容	評価基準	評価差額の処理
売買目的有価証券	時価の変動により利益を得ることを目的に保有	時　価	当期損益
満期保有目的の債権	満期まで保有する意図のある社債等	取得原価または償却原価	―
子会社株式・関連会社株式	企業支配または影響力の確保	取得原価	―
その他有価証券(持ち合い株式・長期保有有価証券を含む)	上記以外の有価証券	時　価	純資産の部に計上，または評価益については純資産に直入，評価損については当期損失に算入

(注)　上記有価証券のうち，その他有価証券の評価差額の処理については，本章第9節「包括利益および包括利益計算書」を参照のこと。

なお，図表2-1のうち取得原価で評価される満期保有目的の債権および子会社株式・関連会社株式については，市場価格がある場合には，その時価が著しく下落したときは，回復する見込みがあると認められる場合を除き，時

価をもって貸借対照表価額とし，評価差額は当期の損失として処理しなければならない。つまり，強制時価評価の適用であって，有価証券の減損処理といわれる。

　ここでは貸借対照表項目の資産としての有価証券について説明しているが，損益計算上の表示について触れておく。売買目的の有価証券の評価損益，有価証券利息，有価証券売却損益および受取配当金等は**営業外収益**または**営業外費用**に，売買目的以外の有価証券の売却損益は**特別利益**または**特別損失**として表示される。

　なお，会社がすでに発行した発行済株式を何らかの理由により市場で買い戻して，所有している株式を**自己株式**というが，これは株券であるから，有価証券ではあるが，会計上の処理については資産としてではなく，資本の払戻として処理されるので，純資産項目に属する。

§2　棚 卸 資 産

　企業会計基準第 9 号(平成 20 年 9 月 26 日公表)の「棚卸資産の評価に関する会計基準」に従えば，次のようになる

①　棚卸資産の範囲

　棚卸資産とは，商品，製品，半製品，原材料，仕掛品等の資産をいい，企業がその営業目的を達成するために所有し，かつ，売却を予定する資産のほか，売却を予定しない資産であっても，販売活動および一般管理活動において短期間に消費される事務用消耗品等を含む。

②　棚卸資産の評価方法

　原則として，購入代価または製造原価に引取費用等の付随費用を加算して取得原価とし，個別法，先入先出法(FIFO)，平均原価法，売価還元原価法等の評価方法の中から選択した方法を適用して売上原価等の払出原価と期末棚卸資産の価額を算定する。

③ 棚卸資産の評価基準（通常の販売目的で保有する棚卸資産の場合）

取得原価をもって貸借対照表価額とし，期末における正味売却価額が取得原価よりも下落している場合には，当該正味売却価額をもって貸借対照表価額とする。つまり，低価法の採用である。この場合，取得原価と当該正味売却価額との差額は当期の費用として処理する。

④ 棚卸資産の評価損の表示（通常の販売目的で保有する棚卸資産の場合）

収益性の低下による簿価の切下額（前期に計上した簿価切下額を戻し入れた場合には，当該戻入額相殺後の額）は，売上原価とする。ただし，棚卸資産の製造に関連し不可避的に発生すると認められる時には製造原価として処理する。また，収益性の低下に基づく簿価切下額が，重要な事業部門の廃止や災害損失の発生など臨時の事象に起因し，かつ，多額である時には，特別損失に計上する。

§3　その他の流動資産

その他の流動資産とは，当座資産および棚卸資産以外の流動資産をいい，短期貸付金，仮払金，未決算勘定，未収金，前払金，前払費用，未収収益等がある。

（3）　固 定 資 産

固定資産（fixed assets）は有形固定資産（tangible fixed assets），無形固定資産（intangible fixed assets）および投資その他の資産（investments）に分けられる。

1　有形固定資産
§1　有形固定資産の意義と種類

有形固定資産は企業内で長期にわたって使用される資産で，建物（building），構築物（structures），機械装置（machinery and apparatus），船舶（ships and vessels），車両運搬具（vehicles），工具器具備品（tools, furniture and fixtures），

土地(land)および建設仮勘定(construction in process account)等がある。

　有形固定資産の中心課題は減価償却(depreciation)手続にあるので，減価償却について説明する。

§2　減価償却の意義と目的

　減価償却とは，有形固定資産の原価またはその他の基本的価額を，残存価額があればそれを控除して，組織的かつ合理的な方法で，その単位またはグループの見積耐用年数にわたって配分する会計システムである。

　目的としては，毎期の損益計算を正確ならしめるという**期間損益計算の適正化**と，将来の取替資金を準備するという**自己金融機能**がある。

§3　減価償却対象資産と減価原因

　有形固定資産のうち，減価償却の対象にならないのは一般に土地と建設仮勘定(例外はある)であって，他の有形固定資産は原則として減価償却を行う。

　減価原因としては，使用または時の経過により，摩滅損耗という**物理(物質)的減価**(physical depreciation)，陳腐化(obsolescence)や不適応化(inadequacy)という**経済(機能)的減価**(functional depreciation)および天災その他偶発事故による**偶発的減価**(contingent depreciation)とがある。なお，後述の耐用年数の決定に際しては，偶発的減価原因は考慮されない。

§4　減価償却の計算要素

　減価償却を計算するためには，取得原価(acquisition cost)，残存価額(scrap value)および耐用年数(service life)の3つがわからなければならない。

　取得原価は購入または製造等の原価であるから，客観性があり問題がない。

　残存価額は客観性がないので，原則として取得原価の10%として計算する。

　耐用年数は客観性がないので，耐用年数表による。

　以上のように，減価償却の計算に際しては，客観性に乏しいので，減価償却は見積計算である。

§5　減価償却の計算方法

　減価償却の計算方法としては，定額法(straight method)，定率法(fixed percentage on reducing balance method)，級数法，年金法および生産高比例法等があるが，一般には，定額法と定率法が使用されている。

§6　個別償却と総合償却

　減価償却は本来個々の有形固定資産について実施すべきであり，個別償却(unit depreciation)という。しかし，企業は多数の有形固定資産を所有しているから，個別償却を実施するのは大変煩雑となる。そこで，多数の有形固定資産を一括して，平均耐用年数を適用して，減価償却を実施する総合償却が認められている。この総合償却には耐用年数を異にする多数の異種有形固定資産を一括して実施する異種償却(composite depreciation)と，耐用年数の等しい同種有形固定資産あるいは耐用年数は異なるが，物質的性質ないしは用途の点で共通性を有する有形固定資産をグループとして実施する同種償却(group depreciation)があり，一般に総合償却と言えば前者を意味する。

§7　資本的支出と収益的支出(修繕費)

　使用中の有形固定資産について，耐用年数の途中で修繕あるいは改良のために支出した金額の取り扱いについて，修繕のためと認識し，支出した金額を収益的支出(修繕費)という費用として取り扱うか，それとも改良部分として，有形固定資産の原価の一部に加算するという資本的支出として取り扱うかであるが，現実には，両者の区別は困難である。

§8　取　替　法

有形固定資産は原則として減価償却を行うが，同種，同一，同一目的かつ多量に使用されるという条件の有形固定資産は，減価償却に代えて，有形固定資産全体のうちの部分的取替に要する費用を計上する**取替法**(replacement method)の適用が認められる。例えば，軌条，信号機，送電線等である。

§9　有形固定資産の評価

有形固定資産の貸借対照表価額は，取得原価から減価償却累計額を控除した金額である。

§10　固定資産の減損—減損会計—

企業が所有している固定資産の収益性が低下し，回復の見込みがなく，投資額を回収できない場合には，固定資産の帳簿価額を減額しなければならない。2007(平成 19)年 3 月決算期から強制実施となった。

2　無形固定資産
§1　無形固定資産の意義と種類

無形固定資産とは，経済的価値を有する各種の権利であり，法律権を有するものとしての特許権，実用新案権，商標権，意匠権，鉱業権，漁業権および水利権等と，事実上の価値を有する**のれん**(goodwill)，**ノウ・ハウ**(know-how)がある。会計上，特に問題になるのはのれんである。

のれんとは，ある企業が他の企業を吸収合併あるいは買収など企業結合した場合，**パーチェス法**(Purchase Method)により被結合企業の貸借対照表項目を時価評価し，その結果，被結合企業の純資産を超えて支払った額であり，被結合企業の超過収益力価値に対する評価額である。したがって，のれん(正ののれん)は結合企業にとっては無形固定資産であり，その償却についてはわが国では 20 年以内の均等額償却であるが，国際財務報告基準(IFRS)では減損処理によっている。

　なお，上記とは逆に，被結合企業の純資産以下の金額を支払って結合した場合には，結合企業にとっては負ののれんが生じる。負ののれんは，負ののれん発生益として，当該期間の特別利益として一括償却する。この点は国際財務報告基準(IFRS)の処理と同じである。

3　投資その他の資産

　投資その他の資産には，すでに取り上げた流動資産に属さない有価証券および有形固定資産，無形固定資産，繰延資産に属さない長期資産であり，関係会社有価証券，投資不動産，長期貸付金等がある。

（4）　繰 延 資 産
§1　繰延資産の意義と種類

　繰延資産とは，支出が行われ，それによって役務の提供を受けたが，それらの効果が単に支出の行われた年度のみではなく，次期以降にも及ぶと予想される場合，その支出金額を支出の行われた年度のみではなく，その効果の及ぶ範囲にわたって費用化する費用であり，したがって，本来，費用であるが，資産として取り扱う，いわば擬制資産である。したがって，原則的には繰延資産は支出時の費用(大半は営業外費用)として処理されるが，会社法では会社計算規則第73条および第74条第3項五において「繰延資産として計上することが適当であると認められるもの」として繰延資産の存在を認めているが，具体的な項目，償却については規定していない。そこで，企業会計基準委員会(ASBJ)が2006(平成18)年8月10日に「実務対応報告第19号」として当面の取り扱いを公表したので(平成22年2月19日に改正)，それに従うと次の5つが繰延資産として取り扱われることになる。すなわち，創立費(organization expenses)(償却の場合は5年以内の定額法による)，開業費(business commence expenses)(償却の場合は創立費と同じ)，新株発行費(new stock issuing expenses)または株式交付費(償却の場合は3年以内の定額法による)，社債発行費(bond issuing expenses)(償却の場合は社債の償還までの期間にわたる利息

法，または継続適用を条件として定額法による)，**開発費**(development costs)(償却の場合は 5 年以内の定額法または合理的な方法による)である。なお，開発費については，国際財務報告基準(IFRS)では一定の要件を満たす場合には無形資産として計上する。

3.　負　　債

(1)　会計上の負債の意義と種類

法的には，**負債**(liability)とは将来相手に資産を提供する義務であるが，会計上は，これらの法的負債のみならず，期間損益計算の立場から，未払費用，前受収益および各種の引当金(allowance)が含まれる。

負債は**流動負債**(current liability)と**固定負債**(fixed liability)に分けられ，流動負債とは，短期間に返済しなければならない負債で，**支払手形**(notes payable)，**買掛金**(accounts payable)，**未払金**(accrued liability)，**前受金**(advances received)，**短期借入金**(short term debt)，**預り金**(deposits received)，**仮受金**(suspense receipt)，**未払費用**(accrued expense)および**前受収益**(deferred income)等がある。

固定負債とは，返済にあたって長期間の余裕のある負債で，**長期借入金**(long term debt)および**社債**(bonds)等がある。

(2)　社　　債

社債とは，企業が資金調達の方法の 1 つとして，一般投資家を対象に発行する債権であり，通常は長期にわたって償還されるものである。

社債の発行に際しては，社債の額面価額，償還期限および社債利息の利率等が決められている。

社債の発行については，額面価額で発行する**平価発行**，額面価額以下で発行する**割引発行**および額面価額以上で発行する**打歩発行**の 3 種があるが，償還時には額面価額で償還されるから，一般には，割引発行が行われる。

社債の償還については，社債償還時に一時に全額を償還する**満期償還**，発行後一定期間据置き，その後毎期一定額ずつを抽選によって償還する**分割（抽選）償還**および企業が有利な時に市場で随時買入して償還する**買入（随時）償還**がある。

（3） 引　当　金

引当金は本来の負債ではないが，会計上，期間損益計算の立場から負債として取り扱う。

会計上，引当金として認められるためには次のような要件が必要である。

① 　将来の特定の費用または損失である。

② 　発生が当期以前の事象に起因している。

③ 　発生の可能性が高い。

④ 　金額を合理的に見積もることができる。

これに従えば，例えば，**製品保証引当金**，**売上割戻引当金**，**返品調整引当金**，**賞与引当金**，**工事補償引当金**，**退職給付引当金**，**修繕引当金**，**特別修繕引当金**，**債務保証損失引当金**，**損害補償損失引当金**および**貸倒引当金**等がある。

なお，引当金には資産の控除項目としての性格の**評価性引当金**と負債としての性格の**負債性引当金**とに区別され，前者としては貸倒引当金があり，後者としては流動負債に属する引当金として修繕引当金，固定負債に属する引当金として特別修繕引当金，退職給付引当金等がある。

4.　純　資　産

（1）　純資産の性格と体系・内容

従来と異なり，今日の会計学は１部，時価会計を導入しているので，純資産には資産・負債以外のすべての項目が収容されることになった。したがって，次に示すように，株主資本のみならず種々の項目が含まれる（会社計算規

則第 76 条)。

　一　株主資本

　　1　資本金(会社法第 445 条第 1・2 項)

　　2　新株式申込証拠金

　　3　資本剰余金

　　　資本準備金(会社法第 445 条第 3・5 項)

　　　その他資本剰余金(適当な名称を付した項目に細分できる)

　　4　利益剰余金

　　　利益準備金(会社法第 445 条第 4 項)

　　　その他利益剰余金(適当な名称を付した項目に細分できる)

　　5　△自己株式

　　6　自己株式申込証拠金

　二　評価・換算差額等^(注)

　　1　その他有価証券評価差額金

　　2　繰延ヘッジ損益

　　3　土地再評価差額金

　　(注)　本章第 9 節包括利益および包括利益計算書を参照のこと。なお，包括利益
　　　　　計算書の導入により，この項目は「その他の包括利益累計額」と表示され
　　　　　る。

　三　新株予約権

(2)　資 本 金

　会社法では，従来と異なり，最低資本金制が撤廃されたが，資本金とは設
立または株式の発行にともなって株主により会社に払い込まれた，または給
付された財産の額である(会社法第 445 条第 1 項)。そしてその額は発行済株式
の発行価額の総額とするのが原則であるが，発行価額の総額の 2 分の 1 を超
えない額は資本金に組み入れなくてもよく(同第 2 項)，組み入れなかった額
は株式払込剰余金(資本準備金)としなければならない(同第 3 項)。

（3） 剰 余 金

剰余金とは会社法第446条によれば，Ⅰ.最終事業年度の末日で計算する事項と，Ⅱ.最終事業年度の末日の後(分配日)で計算する事項とに分かれ，Ⅰ.については(資産の額＋**自己株式の帳簿価額**)−(負債の額＋**資本金及び資本準備金の額**＋法務省令で定めるもの〈会社計算規則第149条〉)があり(会社法第446条第1項一)，Ⅱ.については①自己株式の処分差損益(同第1項二)，②資本金の減少額(同第1項三)，③準備金の減少額(同第1項四)，④消却自己株式の帳簿価額(同第1項五)，⑤剰余金の配当額(同第1項六)，⑥その他法務省令で定めるもの(同第1項七，会社計算規則第149条)がある。

以上により，剰余金の額はⅠ.＋Ⅱ.の①，②，③−Ⅱ.の④，⑤，⑥と計算されることになる。

（4） 資本剰余金

資本剰余金とは，資本の所有関係により生じ，資本取引からの剰余金で，（1）で示したように，資本準備金とその他資本剰余金に区分される。

資本準備金は法定準備金であり，（2）でふれた株式発行に際して資本金に組み入れなかった部分である「**株式払込剰余金**」の他に，合併差益，株式交換差益，株式移転差益，会社分割差益等がある(会社法第445条第3・5項)。

その他資本剰余金については適当な名称を付して掲記すればよいが，例えば，自己株式処分差益等がある。しかし，後述する「株主資本等変動計算書」にその他資本剰余金の年間の変動額が記載されることになっているから，貸借対照表上，その他資本剰余金の内訳は示されない。

（5） 利益剰余金

利益剰余金とは，資本の利用によって生じ，損益取引からの剰余金で，（1）で示したように，利益準備金とその他利益剰余金に区分される。

利益準備金は資本準備金と同様法定準備金であり，資本準備金と利益準備金をあわせて「**準備金**」といい，剰余金を配当するに当たっては，当該剰余

金の配当により減少する剰余金の額の 10 分の 1 を資本金の 4 分の 1 に達するまで準備金として計上しなければならない(会社法第 445 条第 4 項)。

　その他利益剰余金については適当な名称を付して掲記すればよいが,例えば,株主総会または取締役会での決議に基づき設定される任意積立金については,その内容を示す科目で表示しなければならない。つまり,任意積立金には特定の使途目的のない「別途積立金」と,種々の名称を付した使途目的のある積立金がある。したがって,これ以外については,「繰越利益剰余金」として表示すればよい。ただし,後述する「株主資本等変動計算書」にその他利益剰余金の年間の変動額が記載されることになっているから,貸借対照表上では,期末現在の残高のみ表示されることになる。

(6)　自 己 株 式

　会社が保有する自己株式は,純資産の控除項目として表示しなければならない(会社計算規則第 76 条第 2 項五)。

(7)　その他有価証券評価差額金

　持ち合い株式や長期保有の株式の評価については,時価会計の導入により,時価評価されるので,簿価と時価との差額である評価損益,または評価益のみは損益計算書を経由しないで,貸借対照表の純資産の部に直入される。

(8)　新株予約権

　新株予約権とは,新株予約権者があらかじめ定められた期間内に,あらかじめ定められた金額を,株式会社に払い込めば,株式会社からあらかじめ定められた一定数の新株の発行を受けることができる権利であり(会社法第 2 条第 1 項二十一),その発行にともなう金額を「新株予約権」として純資産に計上するが,しかし,この権利が失効して払込資本とならない場合もあり,この場合には,当該失効に対応する金額を,失効時に,利益(原則として特別

利益)に計上する。

5. 貸借対照表の形式と配列

　貸借対照表の形式については，勘定式と報告式の2種類があるが，会社法においては特に指定していない。それぞれのモデルを 6. および 7. に示す。

　勘定式は，借方(左側)に資産項目を，貸方(右側)に負債および純資産項目を記載し，借方の合計と貸方の合計は一致する。

　報告式は，上から順に資産項目，負債および純資産項目を記載し，資産項目の合計と負債および純資産項目の合計は一致する。

　貸借対照表の配列については，流動性配列法と固定性配列法がある。

　流動性配列法(current arrangement)とは，流動性の高い順に配列する方法で，借方については流動資産・固定資産・繰延資産の順に，しかも各資産においても流動性の高い勘定科目順に配列する。貸方については流動負債・固定負債・純資産の順に，しかも各負債においても流動性の高い勘定科目順に配列する。なお，一般の事業会社はこの配列法によっている。

　固定性配列法(capital arrangement)とは，流動性配列法とは逆で，固定性の高い順に配列する方法で，借方については固定資産・流動資産・繰延資産の順に，貸方については固定負債・流動負債・純資産の順に配列する。ただ，借方の繰延資産と貸方の純資産はいずれの配列法であっても最後に記載される。なお，公益事業はこの配列法によっている。

6. 貸借対照表のモデル—勘定式と報告式—(流動性配列法)

(勘定式)

貸 借 対 照 表

令和 X2 年 3 月 31 日現在 　　　　　　(単位：万円)

資産の部		負債の部	
I 流 動 資 産	10,130	I 流 動 負 債	6,850
II 固 定 資 産	6,000	II 固 定 負 債	5,000
III 繰 延 資 産	1,000	負 債 合 計	11,850
		純資産の部	
		I 株 主 資 本	
		資 本 金	3,500
		資本剰余金	1,000
		資本準備金	600
		その他資本剰余金	400
		利益剰余金	630
		利益準備金	330
		その他利益剰余金	300
		任意積立金	100
		繰越利益剰余金	200
		自己株式	△100
		II 評価・換算差額等	100
		その他有価証券評価差額金	70
		繰延ヘッジ損益	10
		土地再評価差額金	20
		III 新 株 予 約 金	150
		純資産合計	5,280
資 産 合 計	17,130	負債および純資産合計	17,130

(報告式)

貸 借 対 照 表

令和 X2 年 3 月 31 日現在　　(単位：万円)

資 産 の 部

I	流 動 資 産	10,130
II	固 定 資 産	6,000
III	繰 延 資 産	1,000
	資 産 合 計	17,130

負 債 の 部

I	流 動 負 債	6,850
II	固 定 負 債	5,000
	負 債 合 計	11,850

純資産の部

I	株 主 資 本	
	資 本 金	3,500
	資本剰余金	1,000
	資本準備金	600
	その他資本剰余金	400
	利益剰余金	630
	利益準備金	330
	その他利益剰余金	300
	任意積立金	100
	繰越利益剰余金	200
	自 己 株 式	△100
II	証価・換算差額等	100
	その他有価証券評価差額金	70
	繰延ヘッジ損金	10
	土地再評価差額金	20
III	新株予約金	150
	純資産合計	5,280
	負債および純資産合計	17,130

7. 貸借対照表の実際

（単位：百万円）

貸借対照表

令和X2年3月31日現在

科目	金額	科目	金額
資産の部		**負債の部**	
流 動 資 産	**69,090**	**流 動 負 債**	**130,985**
現金預金	10,205	支払手形	849
受取手形	327	買掛金	34,888
売掛金	17,635	短期借入金	36,542
商　品	16,487	未払金	2,521
前払費用	937	未払法人税等	4,362
短期貸付金	19,277	未払費用	1,577
繰延税金資産	2,600	前受金	15,466
その他	5,141	預り金	30,286
貸倒引当金	△3,519	賞与引当金	3,659
固 定 資 産	**184,805**	販売促進引当金	602
有形固定資産	**102,469**	その他	233
建物および構築物	59,438	**固 定 負 債**	**58,540**
車両および器具備品	236	社　債	13,400
土　地	42,216	長期借入金	27,469
建設仮勘定	579	退職給付引当金	17,055
無形固定資産	**3,321**	その他	616
のれん	2,139	**純資産の部**	
借地権	1,182	**株 主 資 本**	**65,015**
投資その他の資産	**79,015**	資本金	20,000
投資有価証券	15,639	資本剰余金	23,479
子会社株式	12,406	資本準備金	23,184
長期貸付金	11,443	その他資本剰余金	295
長期保証金	22,612	利益剰余金	24,307
長期前払費用	2,089	利益準備金	4,657
繰延税金資産	14,826	その他利益剰余金	19,650
繰 延 資 産	**1,085**	任意積立金	9,132
創立費	488	新築積立金	2,469
社債発行費	356	別途積立金	6,663
開発費	241	繰越利益剰余金	10,518
		自己株式	△2,771
		評価・換算差額等	**340**
		その他有価証券評価差額金	260
		繰延ヘッジ損金	30
		土地再評価差額金	50
		新株予約金	**100**
		純資産合計	65,455
資 産 合 計	**254,980**	**負債および純資産合計**	**254,980**

損益計算書

第**3**節

1. 損益計算書の意義

　損益計算書(Profit & Loss Statement, P/L または Income Statement, I/S)とは，企業における一定期間(通常1年)の経営成績を示す一覧表である。借方には費用・損失が，貸方には収益が表示され，貸借の差額が当期の純損益を表し，その結果，借方の合計金額と貸方の合計金額が一致する。会社計算規則第87条～第95条に従って損益計算書のモデルを示せば6，7のようである。

　なお，収益とは企業活動の結果の経済的成果であり，**費用**とはその成果を獲得するための価値犠牲である。

2. 損益計算の基準

　損益計算を正確に行うには，収益および費用の認識・測定(認識と測定は同時に行われるから，以下，まとめて認識と表現する)について一定の基準に従わなければならない。その基準としては，**現金主義，発生主義および実現主義**がある。

(1) 現金主義

　現金主義(cash basis)とは，現金の動き(貨幣の流れ)と連動して，収益および費用を認識する考え方である。したがって，現金収入＝収益，現金支出＝費用として認識することになる。しかし，現実には，減価償却，引当金経理および経過勘定等の存在を考えれば，このようなことはむしろ稀であって，期間損益計算を行っているから，現金収入と収益は必ずしも一致しないし，現金支出と費用は必ずしも一致しない。したがって，特殊なケースを除い

て，一般にはこの考え方は通用しない。

（2）　発 生 主 義

発生主義(accrual basis)とは，現金の動きとは関係なく，収益および費用を
その発生事実に基づいて認識する考え方であり，現金主義と対立する考え方
である。一般には，この考え方に基づいて収益および費用を認識する。

（3）　実 現 主 義

実現主義(realization basis)とは，発生主義の一形態で，収益に関しては実
現したものに限って認識し，未実現収益は排除するという考え方である。

実現主義に基づけば，資金的な裏付けのある確実な収益の計上が可能とな
る。収益の実現の時点は，①企業外部の第三者に対する財貨または役務の提
供，②その対価としての現金または現金等価物の受領，の2つの条件が満た
された時である。

（4）　費用収益対応の原則

以上により，収益については原則として実現主義により，また費用につい
ては発生主義により認識することになるが，当期に実現したすべての収益と
当期に発生したすべての費用とが対応され，その差額として当期純損益が算
定されることになる。これを**費用収益対応の原則**という。

収益と費用の対応については，売上高と売上原価との対応のような場合を
直接対応あるいは個別対応といい，売上高と販売費および一般管理費との対
応のような場合を**間接対応あるいは期間対応**という。

（5）　総額主義の原則

資産と負債あるいは収益と費用は総額で表示しなければならない。例え
ば，貸借対照表項目の場合，売掛金の金額100円と買掛金の金額70円を相
殺して，売掛金30円と表示してはならない。損益計算書項目の場合，受取

利息の金額 50 円と支払利息の金額 70 円を相殺して，支払利息 20 円と表示してはならない。

3. 収益認識に関する会計基準

これまで，企業ごとに出荷基準や検収基準など収益計上の判断基準が異なっていたが，会計基準を国際的に整合性のあるものにするため，2021(令和 3)年 4 月以降開始年度から，企業会計基準第 29 号「収益認識に関する会計基準(以下，収益認識基準)」が適用され，収益に関する会計処理は収益認識基準に従って，履行義務が充足されたタイミングに統一されることになった。

本会計基準の基本となる原則は，約束した財またはサービスの顧客への移転を当該財またはサービスと交換に企業が権利を得ると見込む対価の額で描写するように，収益を認識することである(収益認識基準 16 項)。この原則に従って収益を認識するために，以下の①〜⑤のステップが適用される。

① 顧客との契約を識別する。

② 契約における履行義務を識別する。

③ 取引価格を算定する。

④ 契約における履行義務に取引価格を配分する。

⑤ 履行義務を充足した時にまたは充足するにつれて収益を認識する。

　(例)　当期首に当社は顧客と商品 X の販売と 2 年間の保守サービスを提供する 1 つの契約を締結した。当社は当期首に商品 X を顧客に引き渡し，当期首から翌期末まで保守サービスを行う。契約書に記載された対価は 2,400 万円である。商品 X の取引価格を 2,000 万円とし，保守サービスの取引価格を 400 万円とする。

この例の場合，当期の収益の認識は以下のようになる。

商品 X の販売による収益：2,000 万円

保守サービス提供による収益：200 万円

合計：2,200 万円

図表 2-2

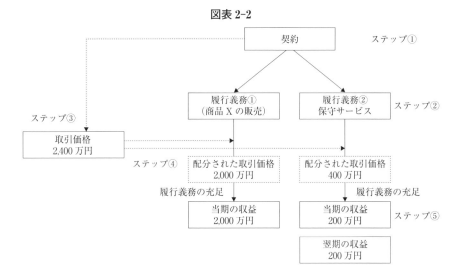

4.　経 常 損 益

①　営業収益と営業外収益

営業収益(operating revenue)とは，企業本来の営業活動から生じる収益を
いい，その主なものは商製品の売上高である。

　収益は実現主義により商製品を相手に販売した時点あるいは引き渡した時
点で収益と認識するから，これを販売基準あるいは引渡基準という。

　営業外収益(non-operating revenue)とは，企業本来の営業活動とは直接関係
のない間接的に生じる財務・組織活動からの収益をいい，例えば，受取利
息，受取配当金，有価証券利息，有価証券売却益，仕入割引および雑収入等
がある。

　なお，この両者は峻別されなければならない。

②　営業費用と営業外費用

営業費用(operating expense)とは，売上高に直接対応する売上原価と，企
業本来の営業活動に関連して発生する費用である**販売費**および**一般管理費**で

ある。

　売上原価は，商業の場合，期首商品棚卸高＋当期商品仕入高−期末商品棚卸高によって算出される。

　販売費および一般管理費には多数の勘定科目があるが，例えば，販売員給料，販売手数料，広告宣伝費，旅費交通費，通信費，交際費，事務用消耗品費，租税公課，保険料，減価償却費，支払家賃，事務員給料，役員給料および雑費等がある。

　営業外費用(non-operating expense)とは，企業本来の営業活動とは直接関係のない間接的に発生する財務・組織活動からの費用をいい，例えば，支払利息，社債利息，有価証券売却損，売上割引および雑損失等がある。

　なお，この両者も峻別されなければならない。

　以上より，損益計算としては，営業収益である売上高から，売上高に直接対応する営業費用である売上原価を控除して，売上総利益(または売上総損失)が算出される。さらに，売上総利益(または売上総損失)から営業費用である販売費および一般管理費を控除して営業利益(または営業損失)が算出される。さらに，営業利益(または営業損失)から営業外収益を加算し，営業外費用を減算して経常利益(または経常損失)が算出される。

5.　特　別　損　益

　特別損益とは経常損益以外の損益であり，臨時損益項目と期間外損益項目(前期損益修正項目)に分けられ，臨時損益項目の例としては，次のものがあげられる。

①　固定資産売却損益

②　投資有価証券売却損益

③　災害による損失

④　除却損

⑤　労働争議，裁判事件等の臨時支出

　期間外損益項目(前期損益修正項目)の例としては，次のものがあげられる。

① 　過年度における引当金の過不足修正額

② 　過年度における減価償却費の過不足修正額

③ 　過年度における棚卸資産評価の訂正額

④ 　過年度償却債権の取立額

⑤ 　過年度における貸倒償却の過不足修正額

　なお，特別損益に属するか否かは，発生金額の多寡および継続的発生か否かにより判断され，金額が僅少であるものあるいは発生が継続的なものについては経常損益に含める。

　以上より，損益計算としては，**経常利益**(または**経常損失**)に**特別利益**を加算し，**特別損失**を減算して**税引前当期純利益**(または**税引前当期純損失**)を算出し，原則として税引前当期純利益の場合には，さらに法人税・住民税・事業税を控除して，最終の**当期純利益**(または**当期純損失**)を算出する。

　以上にように，わが国の場合は営業損益，経常損益，特別損益と区分して表示しているが，国際財務報告基準(IFRS)では経常損益，特別損益の区分表示はない。

6.　損益計算書の形式

　損益計算書の形式については，**勘定式**と**報告式**の2種類があるが，会社法においては特に指定していない。それぞれのモデルは次ページで示す。

　勘定式は，借方(左側)に費用または損失項目を，貸方(右側)に収益項目を記載し，その差額が当期純利益または当期純損失を表し，借方の合計と貸方の合計は一致する。

　報告式は，上から順に収益合計，そして費用合計を記載し，その差額として当期純利益または当期純損失を記載する。

7. 損益計算書のモデル―勘定式と報告式―

（勘定式）

損 益 計 算 書

自　令和 X1 年 4 月 1 日　至　令和 X2 年 3 月 31 日

（単位：万円）

費用項目	1,600	収益項目	2,000
当期純利益	400		
	2,000		2,000

（報告式）

損 益 計 算 書

自　令和 X1 年 4 月 1 日　至　令和 X2 年 3 月 31 日

（単位：万円）

収益項目	2,000	
収益合計		2,000
費用項目	1,600	
費用合計		1,600
当期純利益		400

8.　損益計算書の実際

損　益　計　算　書

自　令和 X1 年 4 月 1 日　至　令和 X2 年 3 月 31 日

（単位：百万円）

I	売　　上　　高		462,743
II	売　上　原　価		
	1　期首商品棚卸高	123,533	
	2　当期商品仕入高	436,851	
	合　　　計	560,384	
	3　期末商品棚卸高	223,883	336,501
	売上総利益		126,242
III	販売費および一般管理費		
	1　給　　　料	33,403	
	2　通　信　費	8,535	
	3　交　通　費	11,221	
	4　交　際　費	18,631	
	5　保　険　料	11,121	
	6　消耗品費	8,213	
	7　減価償却費	18,654	109,778
	営　業　利　益		16,464
IV	営業外収益		
	1　受取利息	308	
	2　受取配当金	1,405	1,713
V	営業外費用		
	1　支払利息	1,263	
	2　雑　支　出	709	1,972
	経　常　利　益		**16,205**
VI	特　別　利　益		
	1　固定資産売却益	389	
	2　投資有価証券売却益	710	1,099
VII	特　別　損　失		
	1　固定資産売却損	665	
	2　投資有価証券評価損	476	
	3　災害による損失	27	1,168
	税引前当期純利益		**16,136**
	法人税，住民税および事業税		5,647
	法人税等調整額		4,111
	当期純利益		**6,378**

＊なお，包括利益計算書については，本章第 9 節を参照のこと。

キャッシュ・フロー計算書　第4節

1. 損益計算とキャッシュ・フロー計算の関係・相違

　損益計算上，たとえ利益が計上されていたとしても，企業にとってキャッシュの流れがスムースでなければ，資金繰りに支障をきたし，いわゆる「黒字倒産」に陥る可能性がある。例えば，次の例示で明白である。なお，当企業の決算日は毎年 12 月 31 日である。

　令和 X1 年 11 月 7 日に，某得意先に商品 100,000 円を販売し，代金は同店振出しの約束手形(満期日は令和 X2 年 6 月 7 日)を受け取った

　　　　(借) 受取手形　100,000　　(貸) 売　　上　100,000

　令和 X1 年度には，売上収益 100,000 円が計上されているから，損益計算上は利益が計上されることになる。しかし，キャッシュは令和 X2 年度にならないと入金されない。したがって，令和 X1 年度の損益計算上は黒字であっても，令和 X1 年度末にはキャッシュが入金されておらず，資金繰りに支障をきたす可能性がある。

　ちなみに，令和 X2 年 6 月 7 日において，次の仕訳で入金が完了することになる。

　　　　(借) 現　　金　100,000　　(貸) 受取手形　100,000

　この例に限らず，損益計算は発生主義に基づいて計算されるから，そこには会計上の見積りや判断が介入するので，同一の会計事象に対して複数の会計数値が算定されることになる。したがって，従来の損益計算書のみで企業の真実な実態を把握することはできない。また，経営指標についても，売上

高重視から利益重視へ，そして今日キャッシュ・フロー重視へと変化している実情からも，キャッシュ・フロー計算書(Cash Flow Statement，C/F)の必要性はいうまでもないことである。わが国においては，2000(平成 12)年 3 月決算期から，キャッシュ・フロー計算書が金融商品取引法においては財務諸表として制度化されることになった。

2.　わが国のキャッシュ・フロー計算書におけるキャッシュ(資金)の範囲

キャッシュ・フロー計算書におけるキャッシュの範囲としては，現金および現金同等物を指す。そして現金としては手許現金および要求払預金を，現金同等物としては，容易に換金可能であり，かつ物価の変動に対して僅少なリスクしか負わない短期投資とし，価値変動リスクの高い株式等は除外した。なお，現金同等物に具体的に何を含めるかは経営者の判断に委ねることになっているが，一般的な例として，取得日から 3 ヵ月以内に満期日または償還日が到来する短期的な投資をあげている。

3.　キャッシュ・フロー計算書の作成方法

キャッシュ・フロー計算書はすでに説明した貸借対照表，損益計算書そして本章第 5 節で取り上げる株主資本等変動計算書に基づいて，1 年間のキャッシュの流入と流出の実態を，「営業活動によるキャッシュ・フロー」,「投資活動によるキャッシュ・フロー」および「財務活動によるキャッシュ・フロー」の 3 区分に分けて作成される。なお，「営業活動によるキャッシュ・フロー」から「投資活動によるキャッシュ・フロー」を控除したものを「フリー・キャッシュ・フロー」という。

キャッシュ・フロー計算書の作成にあたっては，「営業活動によるキャッシュ・フロー」については，直接法と間接法がある。直接法のメリットは営

業活動による収入と支出の総額が把握しやすい点にあり，間接法のメリットは会計上の純利益と営業活動によるキャッシュ・フローとの関係が明示される点である。しかし，間接法の方が簡便な方法であるから，一般には，間接法によるので，ここでは間接法に限定して説明する。なお，4に示すモデルを参照のこと。なお，このモデルは設問がなく，単にモデルを示しているにすぎないから，後述の演習問題7を参照のこと。

　営業活動によるキャッシュ・フローについては，間接法の場合，税引前当期純利益（連結財務諸表では「税金等調整前当期利益」）からスタートして，現金支出をともなわない費用である減価償却費を加え，営業活動によるキャッシュの増減額を記載し，法人税，住民税および事業税を控除する。

　なお，利息および受取配当金関係については，発生額と収支額を記載するため2カ所に記載され，両者の金額は異なる。つまり，支払利息，受取利息・受取配当金は発生額を加減して記載し，さらにキャッシュ収支額を加減するという表示方法を採用することになる。この点について，次ページのモデルを用いて説明する。受取利息と受取配当金については，今期の発生額が50（単位は万円，以下同じ）のため小計欄の上部で減額し，その上で，期首残高15と期末残高5と仮定し，50＋15－5＝60が今期の受取額となり，小計欄の下部で加算する。同様に，支払利息については，今期の発生額が40のため小計欄の上部で加算し，その上で，期首残高15と期末残高5と仮定し，40＋15－5＝50が今期の支払額となり，小計欄の下部で減算する。なお，支払配当金は「財務活動によるキャッシュ・フロー」に表示する。

　また，利息および配当関係の記載区分については，次の2つの方法があり，いずれの方法でもいいが，継続適用が必要である。

　第1法：受取利息・受取配当金，支払利息は営業活動によるキャッシュ・
　　　　　フローに，支払配当金は財務活動によるキャッシュ・フローに
　　　　　記載する。

　第2法：受取利息・受取配当金は投資活動によるキャッシュ・フローに，
　　　　　支払利息・支払配当金は財務活動によるキャッシュ・フローに

記載する。

4.　キャッシュ・フロー計算書のモデル（間接法）

キャッシュ・フロー計算書

自　令和 X1 年 4 月 1 日　至　令和 X2 年 3 月 31 日

（単位：万円）

I	**営業活動によるキャッシュ・フロー**	
①	税引前当期純利益	1,000
②	減価償却費	200
③	受取利息・受取配当金	△ 50
④	支払利息	40
⑤	売掛金減少額	300
⑥	商品増加額	△ 400
⑦	買掛金減少額	△ 200
⑧	役員賞与支払額	△ 10
	小　計	880
⑨	利息・配当金受取額	60
⑩	利息支払額	△ 50
⑪	法人税，住民税および事業税支払額	△ 400
	営業活動によるキャッシュ・フロー	490
II	**投資活動によるキャッシュ・フロー**	
①	有価証券増加額	△ 500
②	有形固定資産増加額	△ 900
	投資活動によるキャッシュ・フロー	△ 1,400
III	**財務活動によるキャッシュ・フロー**	
①	長期借入金増加額	700
②	資本増加額	500
③	配当金支払額	△ 150
	財務活動によるキャッシュ・フロー	1,050
IV	**現金および現金同等物増減額**	140
V	**現金および現金同等物期首残高**	150
VI	**現金および現金同等物期末残高**	290

（注）　連結財務諸表については次節以降で取り扱っているので，本節の
　　　キャッシュ・フロー計算書は個別財務諸表を対象として表示している。

5. 注 記 事 項

キャッシュ・フロー計算書には次のような事項を注記しなければならない。

① 現金および現金同等物の期末残高と貸借対照表に記載されている科目の金額との関係。

② 営業の譲受けまたは譲渡を行った場合には，当該営業の譲受けまたは譲渡により増加または減少した資産および負債の主な内訳。

③ 重要な非資金取引。

④ 資金の範囲を変更した場合のその旨，理由および影響額。

株主資本等変動計算書 第**5**節

　貸借対照表の純資産の各項目の内訳については，貸借対照表本体には「その他利益剰余金」の内訳のみ表示され，それ以外の項目については表示されない。そこで，これらの内訳については「株主資本等変動計算書」において，期首残高，期中変動額および期末残高として表示される。なお，評価・換算差額等および新株予約権については当期変動を差額で表示する。

　株主資本等変動計算書が導入された理由は，会社法では，株主総会または取締役会の決議により，剰余金の配当をいつでも決定できるし，また株主資本の計数をいつでも変動させることができるから，貸借対照表および損益計算書のみでは，資本金，準備金および剰余金の数値の連続性の把握が困難となるからである。

　なお，この計算書の導入により，損益計算書の末尾は，従来と異なり，当期純利益(または当期純損失)となる[注]。

　(注)　なお，包括利益については本章第9節を参照のこと。

　したがって，従来の「利益処分計算書」・「損失処理計算書」は廃止された。

株 主 資 本 等 変 動 計 算 書

(単位：万円)

	株主資本										評価・換算差額等	純資産合計
		資本剰余金			利益剰余金							
						その他利益剰余金					その他有価証券評価差額金	
	資本金	資本準備金	その他資本剰余金	資本剰余金合計	利益準備金	任意積立金	繰越利益剰余金	利益剰余金合計	自己株式	株主資本合計		
前期末残高	2,500	100	400	500	300	100	100	500	0	3,500	60	3,560
当期変動額												
新株の発行	1,000	500		500						1,500		1,500
自己株式取得									△400	△400		△400
自己株式の処分									300	300		300
剰余金の配当					30		△300	△270		△270		△270
任意積立金の積立												
任意積立金の取崩												
当期純利益							400	400		400		400
株主資本以外の項目の当期変動額（純額）											40	40
当期変動額合計	1,000	500		500	30		100	130	△100	1,530	40	1,570
当期末残高	3,500	600	400	1,000	330	100	200	630	△100	5,030	100	5,130

次に，会社計算規則第96条に従って，そのモデルを示せば下記のようであり，既述の貸借対照表および損益計算書と連動している。

個別注記表 第6節

会社計算規則第98条において，次のような注記を要求している。

①　継続企業の前提に関する注記

②　重要な会計方針に係る事項に関する注記

③　貸借対照表等に関する注記

④　損益計算書に関する注記

⑤　株主資本等変動計算書に関する注記

⑥　税効果会計に関する注記

⑦　リースにより使用する固定資産に関する注記

⑧　関連当事者との取引に関する注記

⑨　一株当たり情報に関する注記

⑩　重要な偶発事象に関する注記

⑪　連結配当規制適用会社に関する注記

⑫　その他の注記

事業報告と附属明細書 第7節

「事業報告」は従来の「営業報告書」が名称変更されたものであり（会社法第435条），当該株式会社の状況に関する重要な事項（計算書類および附属明細書の内容となる事項を除く）およびいわゆる「内部統制の整備についての

決定または決議の内容」が記載される。

　つまり，「計算に関連する事項」は既述の各計算書類に，「計算に関連しない事項」は「事業報告」にて開示される。

　事業報告に係る事項については，会社法施行規則第 118 条〜第 127 条によれば，次のような内容があげられる。

① 　当該株式会社の状況に関する重要な事項(計算書類関係以外)

② 　事業の適正性を確保するための体制(内部統制の決議事項)

③ 　株式会社の現況に関する事項(企業手段の概況とすることができる)

④ 　株式会社の会社役員に関する事項

⑤ 　株式会社の株式に関する事項

⑥ 　株式会社の新株予約権に関する事項

「附属明細書」については，上述のように，「計算に関連する事項」についての附属明細書と，「計算に関連しない附属明細書」に分かれ，前者については会社計算規則第 117 条において，次のような事項をあげている。

① 　有形固定資産および無形固定資産の明細

② 　引当金の明細

③ 　販売費および一般管理費の明細

④ 　関連当事者の注記のうち省略した事項

　また，後者については，会社法施行規則第 128 条において，「事業報告の附属明細書」として規定している。

連結財務諸表　第 8 節

1.　連結財務諸表の必要性とわが国におけるその制度

これまでは，わが国においてはすでに説明した個別財務諸表の作成が主流

であった。しかし，世界の会計の流れは，親会社，子会社および関連会社すべてを一体としたグループとしての連結財務諸表(consolidated financial statement)の作成が主流となった。つまり，これまでは，わが国は個別財務諸表が主であり，連結財務諸表は従であった。

わが国においては，1964年～1965年頃に子会社や関連会社を利用した粉飾決算が行われた結果，連結財務諸表の必要性が認識されるに至り，その後逐次制度が充実され，当時の証券取引法(現，金融商品取引法)においては，1999(平成11)年4月1日以降開始の事業年度から連結財務諸表の作成・公表が本格的に実施されることとなった。

会社法第444条第1項および会社計算規則第61条によれば，連結計算書類としては次の4つをあげている。

① 連結貸借対照表

② 連結損益計算書

③ 連結株主資本等変動計算書

④ 連結注記表

なお，これらのモデルは7で示すが，③，④については個別財務諸表に比べて勘定科目等が若干相違するのみで，基本的には個別財務諸表に準じるので，省略する。

2. 親会社および子会社の定義・連結の範囲・連結決算日

親会社および子会社の定義については，「親会社とは，他の企業の財務及び営業又は事業の方針を決定する機関を支配している企業をいい，子会社とは，当該他の企業をいう」(企業会計基準第22号第6項)。親会社及び子会社または子会社が，他の企業の意思決定機関を支配している場合における当該他の企業も，その親会社の子会社とみなすものとする(企業会計基準第22号6項)。

連結の範囲としては，概ね次のように規定している(企業会計基準第22号7項)。

① 他の会社の議決権の過半数を実質的に所有している場合。

② 　他の会社の議決権の 40% 以上，50% 以下を有しており，かつ，当該企業の意志決定機関を支配している一定の事実が認められる場合。

③ 　所有している議決権と，自己の意思と同一の議決権を行使すると認められる者及び自己の意思と同一の内容の議決権を行使することに同意している者が所有する議決権とを合わせて，他の企業の議決権の過半数を占めており，かつ当該会社の意思決定機関を支配している一定の事実が認められる場合。

要するに，議決権の過半数所有という**持株基準**ではなく，その会社の意志決定機関を支配しているという**支配力基準**に従っている。

なお，次のような場合には連結の対象外としている（企業会計基準第 22 号 14 項）。

① 　支配が一時的であると認められる企業。

② 　前記以外の企業であって，連結することにより利害関係者の判断を著しく誤らせるおそれのある企業。

③ 　更生会社，整理会社，破産会社等であって，かつ，有効な支配従属関係が存在せず組織の一体性を欠くと認められる企業。

連結決算日については，連結財務諸表の作成期間は 1 年とし，親会社の会計期間に基づくこととし，子会社の決算日が連結決算日と異なる場合には，連結決算日に正規の決算に準ずる合理的な手続きにより決算をしなければならないとしている（企業会計基準第 22 号 15 項）。つまり，仮決算を要求している。

3.　連結貸借対照表の作成

1　連結貸借対照表の作成手続

次のような手続により作成する。

① 　親会社および子会社各々の資産，負債および純資産の金額を基礎として作成する。

② 　子会社の資産および負債を時価で評価する。

③ 　親会社の投資と子会社の純資産を相殺消去する。これを**資本連結**という。

④　親会社と子会社相互間の債権・債務を相殺消去する。

2　子会社の資産および負債の時価評価

　子会社の資産および負債のすべてを時価評価する（これを**全面時価評価法**という）。時価による評価額と帳簿価額との差額を**評価差額勘定**といい，純資産勘定に属する。

（例）　A社貸借対照表

A社	貸　借　対　照　表		（単位：万円）
諸　資　産	600	諸　負　債	300
		資　本　金	200
		資本剰余金	40
		利益剰余金	60
	600		600

　A社の資産および負債の時価は，諸資産660万円，諸負債320万円である。

　　評価替の仕訳(単位の万，省略。以下，仕訳については同様)

　　　　　（借）　諸　資　産　　60　　（貸）　諸　負　債　　20
　　　　　　　　　　　　　　　　　　　　　　　　評価差額　　40

　時価評価後の A社貸借対照表

A社	貸　借　対　照　表		（単位：万円）
諸　資　産	660	諸　負　債	320
		資　本　金	200
		資本剰余金	40
		利益剰余金	60
		評　価　差　額	40
	660		660

3　親会社の投資と子会社の純資産の相殺消去

§1　投資割合が 100% の場合で，評価差額は発生していない場合

（例）

親会社	貸 借 対 照 表	（単位：万円）	
諸　資　産	300	諸　負　債	120
子会社株式	20	純　資　産	200
	320		320

子会社	貸 借 対 照 表	（単位：万円）	
諸　資　産	40	諸　負　債	20
		資　本　金	12
		資本剰余金	4
		利益剰余金	4
	40		40

《連結のための相殺消去仕訳》

（借）　資　本　金	12	（貸）　子会社株式	20
資本剰余金	4		
利益剰余金	4		

連結貸借対照表		（単位：万円）	
諸　資　産	340	諸　負　債	140
		純　資　産	200
	340		340

　なお，親会社の投資と子会社の純資産の相殺消去に際して，両者に差額が生じる場合，その差額を投資消去差額といい，のれんとして表示する。のれんは借方に生じる場合には無形固定資産の区分にのれんとして計上し，貸方に生じる場合には負ののれん発生益として発生した期の特別利益として計上する。

（例）

親会社	貸 借 対 照 表	（単位：万円）	
諸 資 産	300	諸 負 債	120
子会社株式	24	純 資 産	204
	324		324

子会社	貸 借 対 照 表	（単位：万円）	
諸 資 産	40	諸 負 債	20
		資 本 金	12
		資本剰余金	4
		利益剰余金	4
	40		40

《連結のための相殺消去仕訳》

（借）資 本 金　　12　　（貸）子会社株式　　24
　　　資本剰余金　　4
　　　利益剰余金　　4
　　　の れ ん　　　4

連結貸借対照表		（単位：万円）	
諸 資 産	340	諸 負 債	140
の れ ん*	4	純 資 産	204
	344		344

＊のれんは資産であるが，明瞭表示のため分けて表示している。

§2　投資割合が100%未満の場合で，評価差額は発生していない場合

　親会社が子会社の発行済株式を100%所有していない場合，親会社の持分に属さない部分を非支配株主持分といい，貸借対照表においては，純資産の部に「非支配株主持分」として記載する。

（例）　親会社が子会社の発行済株式の80%を所有し，残りの20%が非支配株主持分の場合

親会社	貸　借　対　照　表		（単位：万円）
諸　資　産	284	諸　負　債	100
子会社株式	16	純　資　産	200
	300		300

子会社	貸　借　対　照　表		（単位：万円）
諸　資　産	40	諸　負　債	20
		資　本　金	12
		資本剰余金	4
		利益剰余金	4
	40		40

《連結のための相殺消去仕訳》

（借）　資　本　金　12　　（貸）　子　会　社　株　式　16
　　　資　本　剰　余　金　4　　　　　非支配株主持分　4
　　　利　益　剰　余　金　4

	連結貸借対照表		（単位：万円）
諸　資　産	324	諸　負　債	120
		非支配株主持分＊	4
		純　資　産	200
	324		324

＊非支配株主持分は純資産であるが，明瞭表示のため分けて表示している。

§3　投資割合が100%未満の場合で，評価差額が発生している場合

この場合は，親会社の投資と子会社の評価替後の純資産を相殺消去する。

（例）　親会社が子会社の発行済株式の 80% を所有し，残りの 20% が非支
配株主持分の場合

親会社		貸　借　対　照　表		（単位：万円）
流 動 資 産	240	流 動 負 債		180
固 定 資 産	520	固 定 負 債		260
子 会 社 株 式	280	資 　本 　金		400
		剰 　余 　金		200
	1,040			1,040

子会社		貸　借　対　照　表		（単位：万円）
流 動 資 産	120	流 動 負 債		160
固 定 資 産	400	固 定 負 債		60
		資 　本 　金		200
		剰 　余 　金		100
	520			520

　なお，子会社の資産および負債を時価評価した結果，固定資産 460 万円，
流動負債 180 万円と評価された。

《評価替のための仕訳》

　　　　　（借）　固定資産　　60　　（貸）　流動負債　　20
　　　　　　　　　　　　　　　　　　　　　　評価差額　　40

《修正後の子会社の貸借対照表》

子会社		貸　借　対　照　表		（単位：万円）
流 動 資 産	120	流 動 負 債		180
固 定 資 産	460	固 定 負 債		60
		資 　本 　金		200
		剰 　余 　金		100
		評 価 差 額		40
	580			580

《連結のための相殺消去仕訳》

(借)	資　本　金	200	(貸)	子会社株式	280
	剰　余　金	100		非支配株主持分	68
	評　価　差　額	40			
	の　れ　ん	8			

連結貸借対照表　　　　　(単位：万円)

流 動 資 産	360	流 動 負 債	360
固 定 資 産	980	固 定 負 債	320
の　れ　ん	8	資　本　金	400
		剰　余　金	200
		非支配株主持分	68
	1,348		1,348

4　連結会社相互間の債権・債務の相殺消去

連結会社相互間の債権・債務の相殺消去項目としては，例えば次のような
ものがある。

① 受取手形と支払手形

② 売掛金と買掛金

③ 貸付金と借入金

④ 未収収益と未払費用

4.　連結損益計算書の作成

1　連結損益計算書の作成手続

次のような手続により作成する。

① 親会社および子会社各々の損益計算書を単純に合併する。

② 連結会社相互間の**損益取引**を相殺消去する。

③ 棚卸資産等に含まれる**未実現利益**を消去する。

2 連結会社相互間の損益取引の相殺消去項目

例えば次のようなものがある。

① 売上高と売上原価

② 受取利息と支払利息

③ 受取家賃と支払家賃

④ 受取配当金と配当金

3 連結会社相互間の損益取引の相殺消去の例

（例） 親会社は子会社に商品 500 万円を売り上げ，子会社はこれらすべて
を外部へ販売している。

《連結のための相殺消去仕訳》

（借） 売 上 500 （貸） 売上原価 500

（例） 親会社は株式 100% を取得している子会社より，配当金 300 万円を
受け取った。

《連結のための相殺消去仕訳》

（借） 受取配当金 300 （貸） 配 当 金 300

4 棚卸資産等に含まれる**未実現利益の消去**

§1 ダウン・ストリームの場合

これは，親会社から子会社へ販売される場合であって，その売買損益は親
会社に計上されているので，全額消去・親会社負担方式が適用される。

（例） 親会社は子会社の株式の 70% を所有している。親会社は子会社へ
原価 3,000 万円の商品を 5,000 万円で売り上げた。この商品の 2 割が今
期売れ残った。

《この場合の未実現利益の消去仕訳》

（借） 売 上 原 価 400 （貸） 商 品 400

§2 アップ・ストリームの場合

これは，子会社から親会社へ販売される場合であって，非支配株主が存在

する場合には，全額消去・持分比率負担方式が適用される。

(例)　親会社は子会社の株式の70%を所有している。子会社は親会社へ
　　　原価3,000万円の商品を5,000万円で売り上げた。この商品の2割が今
　　　期売れ残った。

《この場合の未実現利益の消去仕訳》

(借)　売 上 原 価　　　400　　(貸)　商　　　　品　　400
　　　非支配株主持分　　120　　(貸)　非支配株主損益　120

5.　連結キャッシュ・フロー計算書

1　連結キャッシュ・フロー計算書の作成手続

　連結会社相互間のキャッシュ・フローおよび子会社相互間の取引によって
生じるキャッシュ・フローを相殺消去する。

　連結キャッシュ・フロー計算書の作成には，次の2つの方法がある。

　①　親会社および子会社の個別キャッシュ・フロー計算書を連結する方法
　　　（原則法）。

　②　連結貸借対照表および連結損益計算書を基礎として作成する方法(簡便法)。

　連結キャッシュ・フロー計算書作成の際の固有の留意点としては，次の4
つがある。

　①　追加および連結除外等に関連するキャッシュ・フロー

　②　在外子会社のキャッシュ・フロー

　③　のれん(旧，連結調整勘定)償却額および持分法による投資損益の調整

　④　持分法適用会社からの配当金等の表示

2　連結キャッシュ・フロー計算書の作成(間接法の場合)

　基本的には，個別キャッシュ・フローの作成と異ならないが，営業活動に
よるキャッシュ・フローの項目の中に，のれん(旧，連結調整勘定)償却額，
持分法による投資損益を表示すること。

6. 持 分 法

1 持分法の意義

持分法(equity method)とは，非連結子会社および関連会社に対する投資について適用されるものであって，投資会社が被投資会社の資本および損益のうち投資会社に帰属する部分の変動に応じて，その投資の額を連結決算日ごとに修正する方法である(企業会計基準第16号4項，6項)。連結財務諸表における持分法による投資損益は，営業外収益または営業外費用の区分に一括して表示される(企業会計基準第16号16項)。

2 関連会社の範囲

関連会社(associate company)とは，**親会社および子会社**が，出資，人事，資金，技術，取引等の関係を通じて，子会社以外の他の企業の財務および営業の方針決定に対して重要な影響を与えることができる場合における当該他の企業をいう(企業会計基準第16号，5項)。つまり，「**影響力基準**」により定義されている。

具体的には，①子会社以外の他の企業の議決権の20%以上，50%未満を実質的に所有している場合，②他の企業に対する議決権の所有割合が15%以上20%未満を所有している場合であって，①役員若しくは使用人である者，またはこれらであったもので自己が子会社以外の他の企業の財務及び営業または事業の方針に関して影響を与えることができる者が，当該子会社以外の他の企業の代表取締役，取締役またはこれらに準ずる役職に就任している，②子会社以外の他の企業に対して重要な融資(債務の保証および担保の提供を含む。)を行っている，③子会社以外の他の企業に対して重要な技術を提供している，④子会社以外の他の企業との間に重要な販売，仕入その他の営業上または事業上の取引があること，⑤その他子会社以外の他の企業の財務および事業の方針に対して重要な影響を与えることができることが推測される事実が存在すること，のいずれかに該当する場合には，当該他の企業は

関連会社に該当することとなる（企業会計基準第 16 号 5-2 項(2)）。

　なお，被投資会社が更生会社，破産会社，その他これらに準ずる企業であって，かつ，当該企業の財務および営業の方針決定に対して重要な影響を与えることができないと認められる企業は，関連会社に該当しないものとする（企業会計基準第 16 号，5-2 項(1)）。

3　持分法の会計処理―連結との相違

　原則として，連結子会社の場合と同様の会計処理を行うが，連結子会社の場合との相違等は次のとおりである。

　連結の場合の会計処理は，連結会社の財務諸表を勘定科目ごとに合算して企業集団の財務諸表を作成するので，**全部連結**(full consolidation)という。これに対して，持分法の場合の会計処理は，連結子会社とは異なり，財務諸表を合算することはなく，「投資有価証券」の勘定項目を被投資会社である持分法適用会社の純資産や損益等を反映させるように数値を修正するだけである。したがって，**一行連結**(one line consolidation)または**準連結**(semi consolidation)という。しかし，当期損益および純資産に与える影響は同じである。

　要するに，持分法は非連結子会社と関連会社に適用されるが，子会社は原則として連結対象となり，連結対象とならない重要性のない場合にのみ持分法が適用されるが，関連会社の場合は持分法[注]しか適用されない。

　　[注]　このように，従来は，持分法は一行連結あるいは準連結と位置づけられ，全部連結の簡便的な処理方法といわれてきたが，**国際財務報告基準**(IFRS)では従来とは異なる性格を有するようになってきた。

　そこで，持分法による会計処理については，既に 1「持分法の意義」での説明によれば次のようになる。例えば，親会社 A 社がその関連会社 B 社の株式を 20% 所有している。当事業年度に B 社が 100 円の利益をあげた場合には（したがって，100 円の純資産が増加），A 社が保有する B 社株式の取得価額をその持分(20%)に相当する額だけ修正する。

　　　　（借）　A　社　株　式　　20　　（貸）　持分法投資損益　　20

この持分法投資損益は，連結財務諸表の営業外項目として記載される。

7. 連結財務諸表のモデル

1 連結貸借対照表

（報告式）

連結貸借対照表

（単位：百万円）

A 株式会社　　令和 X2 年 3 月 31 日現在

（資　産　の　部）

流動資産
現金及び預金	7,136
受取手形	16,883
売 掛 金	12,002
有価証券	5,000
棚卸資産	27,293
繰延税金資産	2,190
そ の 他	2,527
貸倒引当金	△361
流動資産合計	72,670

固定資産
有形固定資産
建　　物	19,425
機械装置	29,041
土　　地	8,024
建設仮勘定	6,582
そ の 他	1,264
有形固定資産合計	64,336

無形固定資産
の れ ん	1,211
そ の 他	138
無形固定資産合計	1,349

投資その他の資産
投資有価証券	22,611
長期貸付金	2,137
繰延税金資産	2,675
そ の 他	1,963

貸倒引当金	△381
投資その他の資産合計	29,005
固定資産合計	94,690
繰延資産	335
資産合計	167,695

（負　債　の　部）

流動負債	
支払手形	11,412
買　掛　金	9,635
短期借入金	17,035
未払法人税等	2,324
賞与引当金	1,791
そ　の　他	11,809
流動負債合計	54,006
固定負債	
社　　　債	20,000
長期借入金	16,668
繰延税金負債	2,396
退職給付引当金	7,539
その他	1,722
固定負債合計	48,325
負債合計	102,331

（純　資　産　の　部）

株主資本	
資　本　金	9,594
資本剰余金	8,581
利益剰余金	35,229
自己株式	△99
株主資本合計	53,305
その他の包括利益累計額	
その他有価証券評価差額金	4,893
繰延ヘッジ損益	79
土地再評価差額金	1,112
為替換算調整勘定	△246
退職給付に係る調整累計額	△200
その他の包括利益累計額合計	5,638
新株予約権	2,165
非支配株主持分	4,256
純資産合計	65,364
負債・純資産合計	167,695

2 連結損益計算書

（報告式）

連結損益計算書

（単位：百万円）

A 株式会社　自　令和 X1 年 4 月 1 日　至　令和 X2 年 3 月 31 日

売 上 高	154,646
売上原価	122,141
売上総利益	32,505
販売費及び一般管理費	22,263
営業利益	10,242
営業外収益	1,962
営業外費用	2,452
経常利益	9,752
特別利益	986
特別損失	2,565
税金等調整前当期純利益	8,173
法人税，住民税及び事業税	2,861
法人税等調整額	△1,241
法人税等合計	1,620
当期純利益	6,553
非支配株主に帰属する当期純利益	652
親会社株主に帰属する当期純利益	5,901

包括利益および包括利益計算書 第9節

1. 会計観の変遷―包括利益の出現―

　19 世紀中頃から 1920 年代までは，時価会計を軸としたいわゆる**静態会計学**（**静態論**）といわれる財産計算に焦点があり，したがって**貸借対照表重視**の会計観であったが，その後，固定資産の増大に伴い，減価償却の問題がクローズ・アップされ，取得原価会計をベースにした会計観が台頭し，1929 年の世界大恐慌をきっかけとして，いわゆる**動態会計学**（**動態論**）といわれる損

益計算に焦点が移り，したがって**損益計算書重視の会計観**が出現した。このように，時代の変化に伴い，ある時は時価会計，ある時は取得原価会計と会計観が変化してきた。

ところが，1990年代以降金融資産の**公正価値概念**^(注)が導入されるに至り，取得原価をベースにしながらも，時価会計が一部導入されることになり，取得原価をベースにした，収益−費用＝利益という**収益費用中心観(収益費用アプローチ)** と，時価会計をベースにした，「利益は1期間における企業の富または正味資産の増加分の測定値であり，資産は企業の経済的資源の財務的表現であり，負債は将来他の実体に資産を引き渡す義務の財務的表現である」と定義付ける**資産負債中心観(資産負債アプローチ)** が浮上してきた。要するに，この資産負債中心観の会計観は貸借対照表の純資産の部の変動額を利益と捉える考え方である。

> (注)　公正価値とは，国際財務報告基準第13号「公正価値測定」によれば，「測定日時点で，市場参加者の秩序ある取引において，資産を売却するために受け取るであろう価格または負債を移転するために支払うであろう金額」と定義されている。

この両者の相違は，収益費用中心観では収益と費用が認識された後で，従属的に資産と負債が算出され，**期間損益計算が前提**とされ，損益計算書が重視される会計観である。これに対して，資産負債中心観では資産と負債が認識された後で，従属的に収益と費用が算出され，期間損益計算を前提とせず，貸借対照表が重視される会計観である。

このように，現行の損益計算書は収益費用中心観に基づく会計観であるのに対して，資産負債中心観に基づく会計観として**包括利益計算書**(Comprehensive Income Statement)が出現した。これは**国際会計基準審議会**(IASB)による**国際財務報告基準**(IFRS)および**米国財務会計基準審議会**(FASB)による米国会計基準において，1997(平成9)年に包括利益(comprehensive income)の表示が定められ，それ以降包括利益が表示されている。このような国際的流れに応じて，国際的な会計基準とのコンバージェンス(convergence：収斂)によ

り、わが国においても企業会計基準委員会(ASBJ)が2011(平成23)年3月31日以後終了する会計年度から、連結財務諸表において導入、採用することを公表した。

なお、企業会計基準第25号(2013(平成25)年9月13日)「包括利益の表示に関する会計基準」において、企業会計基準委員会は当面の間、個別財務諸表には包括利益は適用しない旨を表明した(企業会計基準第25号16-2項、第39-2、3、4項)。

2. 包括利益の導入─当期純利益か包括利益か─

現行の取得原価をベースにしてきた会計観では、当該期間のすべての収益と費用は損益計算書に計上、記載され、その差額としての当期純損益は貸借対照表の純資産の部に振り替えられる。つまり、損益計算書で計算された当期の期間損益と、貸借対照表における資本取引によらない純資産の当年度の変動額(増減額)が等しくなるという関係にある。このように、損益計算書と貸借対照表は密接に連携され、これをクリーン・サープラス(clean surplus)関係という。つまり、剰余金(サープラス)に損益以外の項目が混入しないクリーンという意味である。

ところが、時価会計の一部導入により、例えば、有価証券のうちのその他有価証券といわれる「持ち合い株式」や「長期保有の有価証券」の評価については時価基準がベースとなり、そのため評価差額の処理については、損益計算書を経由しないで、基本的には貸借対照表の純資産の部に直入されることになった(ただし、評価益は純資産の部に直入、評価損は当期損失に算入も可能)。したがって、クリーン・サープラス関係は崩れ、dirty surplus 関係になった(注)。このようなその他有価証券の評価損益等が「その他の包括利益」として計上されることになった。

つまり、現行の損益計算では実現利益である稼得利益のみを計上の対象としているのに対して、未実現の評価利益も計上の対象とするのが、包括利益

の考え方であり，実現利益と**未実現利益**を一体として表示することになる。

　以上により，包括利益とは貸借対照表を重視した利益概念であり，資本取引を除いた純資産の変動額と概念付けられる。

　　（注）　損益計算書の当期純損益と，貸借対照表の純資産の部のうちの「株主資本の当期変動額」が一致すると考えれば，クリーン・サープラス関係は維持されているとの見方もできる。

3.　その他の包括利益の内容

　以上により，包括利益＝当期純利益＋その他の包括利益となる。

　その他の包括利益の内容としては，前述のように個別財務諸表には，当面の間包括利益は適用されないが，将来，適用された場合には，評価・換算差額等として既に取り上げた「その他有価証券評価差額金」の他に，「繰延ヘッジ損益」，「土地再評価差額金」があり，連結財務諸表の場合には，この他に「為替換算調整勘定」，「退職給付に係る調整累計額」がある。

4.　包括利益計算書の内容と形式

　損益計算書の末尾は当期純利益であるが，包括利益計算書の末尾は包括利益となる。しかし，現行の当期純利益の表示は存続する。

　形式については，1計算書方式と2計算書方式があり，前者は損益計算書の末尾の当期純利益に続けて，その他の包括利益の項目を表示し，末尾に包括利益を表示する形式であり，「損益及び包括利益計算書」となる。

　後者は損益計算書とは別に，その他の包括利益のみを表示する「包括利益計算書」を作成する形式である。

　なお，わが国においては，1計算書方式と2計算書方式のいずれかを選択して作成することとなっている。以下に両計算書方式を例示する。

【2計算書方式】 | | 【1計算書方式】 |
(連結損益計算書)

売上高	10,000
…………	
税金等調整前当期純利益	2,200
法人税等	900
当期純利益	1,300

(連結包括利益計算書)

その他の包括利益	
その他有価証券評価差額金	530
繰延ヘッジ損益	100
為替換算調整勘定	△180
退職給付に係る調整額	200
持分法適用による持分相当額	50
その他の包括利益合計	700
包括利益	2,000

(内訳)

親会社株主に係る包括利益	1,600
非支配株主に係る包括利益	400

【1計算書方式】
(連結損益及び包括利益計算書)

売上高	10,000
…………	
税金等調整前当期純利益	2,200
法人税等	900
当期純利益	1,300

(内訳)

親会社株主に帰属する当期純利益	1,000
非支配株主に帰属する当期純利益	300
その他の包括利益	
その他有価証券評価差額金	530
繰延ヘッジ損益	100
為替換算調整勘定	△180
退職給付に係る調整額	200
持分法適用による持分相当額	50
その他の包括利益合計	700
包括利益	2,000

(内訳)

親会社株主に係る包括利益	1,600
非支配株主に係る包括利益	400

　なお，既に説明したように，その他の包括利益は未実現の評価損益を損益として計上しているが，将来，それが実現し，当期損益の一部として損益計算書に計上された場合，結果的には，損益の二重計上となるから，組替調整が必要である。これをリサイクル（再分類修正）という。

　したがって，既に3で示した包括利益は次のようになる。

　　　　　包括利益＝当期純利益＋その他の包括利益－その他の包括利益から当期純利益にリサイクルされた金額

　以上により，連結財務諸表においては，包括利益を「包括利益計算書」または「損益及び包括利益計算書」に表示し，評価・換算差額等を純資産の部の「その他の包括利益累計額」と表示することになる。

〔演 習 問 題〕

1.　有価証券の評価について説明しなさい。

2.　純資産の分類について説明しなさい。

3.　現金主義，発生主義，実現主義について説明しなさい。

4.　収益の認識について説明しなさい。

5.　減価償却について説明しなさい。

6.　キャッシュ・フロー計算書の必要性，意義について説明しなさい。

7.　下記に示す 2 つの貸借対照表と附属資料により，間接法によるキャッシュ・フロー計算書を作成しなさい。なお，当企業は 1 年決算で，決算日は毎年 12 月 31 日である。

　〈附属資料〉

　　①　令和 X2 年度の税引前当期純利益は 74 円である。

　　②　令和 X2 年度の減価償却費は 12 円である。

　　③　令和 X2 年度の法人税，住民税および事業税は 30 円である。

　　④　令和 X2 年度の配当金支払額は 16 円である。

8.　わが国の連結財務諸表制度の現状について説明しなさい。

9.　連結財務諸表作成の際の連結の範囲について説明しなさい。

10.　包括利益計算書の必要性について述べなさい。

貸 借 対 照 表

A 株式会社　　　　令和 X1 年 12 月 31 日現在　　　代表取締役　某

(単位：円)

資　産		負債・純資産	
現　金	14	買掛金	66
売掛金	84	未払給料	12
商　品	112	未払法人税・住民税・事業税	40
前払保険料	40	社　債	68
建　物	276	資本金	120
減価償却累計額	(128)	利益剰余金	112
のれん	20		
	418		418

貸 借 対 照 表

A 株式会社　　　　令和 X2 年 12 月 31 日現在　　　　代表取締役　某

（単位：円）

資　産		負債・純資産	
現　金	40	買掛金	60
売掛金	80	未払給料	20
商　品	120	未払法人税・住民税・事業税	40
前払保険料	40	社債	80
建　物	300	資本金	120
減価償却累計額	(140)	利益剰余金	140
のれん	20		
	460		460

（参考文献）

あずさ監査法人編〔2014〕『連結財務諸表の実務（第 6 版）』中央経済社。

財務会計基準機構編，企業会計基準委員会『企業会計基準第 1 号～第 31 号』。

新日本監査法人編〔2006〕『対照式　会社法施行規則　会社計算規則　電子公告規
　　則』税務経理協会。

中央経済社編〔2005〕『会社法』中央経済社。

中央経済社編〔2022〕『「会社法」法令集（第十四版）』中央経済社。

平松一夫編〔2003〕『財務諸表論の基礎知識（第 3 版）』東京経済情報出版。

藤井則彦〔1997〕『日本の会計と国際会計（増補第 3 版）』中央経済社。

藤井則彦〔2005〕『エッセンシャル・アカウンティング』同文舘出版。

藤井則彦・山地範明〔2009〕『ベーシック・アカウンティング（改訂版）』同文舘出
　　版。

山地範明〔2000〕『連結会計の生成と発展（増補改訂版）』中央経済社。

百合草裕康〔2001〕『キャッシュ・フロー会計情報の有用性』中央経済社。

第3章

分析会計（財務諸表分析）

　アカウンティングの視点からすれば，企業の作成した財務諸表を分析することにより，投資家や債権者などの外部利害関係者および企業内部の経営管理者は，その企業の実態を把握し，各々の意思決定に役立てることができる。しかし，財務諸表という会計数値の分析（定量分析）のみではその企業の実態をすべて把握できるとはいえず，会計数値以外の質的要素（定性分析）をも考慮しなければならない。つまり，いわゆる経営分析を行わなければならない。しかし，小書はアカウンティングに限定しているので，ここでは財務諸表分析に限定して，種々の分析手法を取り上げる。

　財務諸表分析の実施にあたっては，同業種あるいは類似業種との比較や，複数年に及ぶ分析（時系列分析）を行うことが有効であることはいうまでもない。しかし，小書ではアカウンティングの基礎として財務諸表分析を取り上げているため，基本的な分析手法に限定して検討する。

財務諸表分析の必要性 第**1**節

　企業は１年に１回決算を行い，企業の**経営成績**と**財政状態**を表示する。企業をとりまく内外の情報利用者である利害関係者は，その**財務諸表**を分析し解釈することによって意思決定を行う。例えば，投資家はその企業へ投資すべきか否か，現在の株主は保有する株式を今後も保有し続けるか否か，銀行業等の債権者はその企業への貸付を実施するか否か，あるいは貸し付けた資金を回収すべきか否か，また経営管理者は次年度以降の将来の経営をいかに行うか，といった各々の立場から意思決定を行う。

　このように，**財務諸表分析**(Financial Statement Analysis)は各種の利害関係者により必要とされる「意思決定のためのツール」といえる。

財務諸表分析の種類と方法 第**2**節

　財務諸表分析は，外部利害関係者が行う**外部分析**(external analysis)として，①投資家が行う**投資分析**(あるいは**証券分析**)と②債権者が行う**信用分析**，および③内部利害関係者である経営管理者が行う**内部分析**(internal analysis)とに分けることができる。

　歴史的にみれば，財務諸表分析は，外部利害関係者のうち銀行業における信用分析の形で発展し，当初は，企業の支払能力に関する分析がその中心であった。その後，経営管理者によって行われる内部分析へと発展し，収益性の分析が行われるようになった。

　財務諸表分析の種類には，収益性分析，財務安全性分析，財務安定性分析，生産性分析(付加価値分析)，成長性分析などがある。財務諸表分析の実

施にあたっては，各種の利害関係者のいずれの立場で行うかによって，その重視される点は異なるが，企業にとっては，まず収益の確保が重要である。したがって，収益性分析を出発点として，その上で他の種々の分析を実施すべきである。

　なお，収益性は良好であっても，資金繰りが十分でなく財務安全性は良好とはいえないケースがありえる。このようなケースでは，いわゆる「黒字倒産」に陥る可能性がある。そのため，収益性分析と財務安全性分析の両方が必要となる。そこで，本章では，各種の財務諸表分析のうち，収益性分析，財務安全性分析，財務安定性分析に焦点を絞って説明する。

財務諸表分析の実際　　第3節

　本節では，76〜77頁に示す連結財務諸表に基づいて基本的かつ主要な分析を行い，若干の解説をする。

連結貸借対照表

令和 X2 年 3 月 31 日現在

（単位：円）

資産の部		負債の部	
流動資産	50,447	流動負債	55,519
現金及び預金	3,592	支払手形及び買掛金	21,751
受取手形及び売掛金	25,716	短期借入金	19,231
有価証券	3,802	未払法人税等	1,089
棚卸資産	10,809	未払費用	6,481
未収入金	4,411	賞与引当金	2,368
繰延税金資産	1,899	その他	4,599
その他	808	固定負債	47,800
貸倒引当金	△590	長期借入金	17,800
固定資産	105,131	社債	30,000
有形固定資産	79,725	純資産の部	
土　　地	22,340	株主資本	37,544
建物及び構築物	10,222	資本金	13,578
機械装置及び運搬具	35,168	資本剰余金	7,900
工具器具備品	8,627	利益剰余金	18,545
建設仮勘定	3,368	自己株式	△2,479
無形固定資産	6,201	その他の包括利益累計額	9,756
のれん	4,000	その他有価証券評価差額金	3,827
その他	2,201	繰延ヘッジ損益	△8
投資その他の資産	19,205	土地再評価差額金	5,276
繰延資産	2	為替換算調整勘定	1,137
社債発行費	1	退職給付に係る調整額	△476
株式交付費	1	新株予約権	90
		非支配株主持分	4,871
	155,580		155,580

連結損益計算書

自　令和 X1 年 4 月 1 日　至　令和 X2 年 3 月 31 日

(単位：円)

売上高	173,159
売上原価	138,011
売上総利益	35,148
販売費及び一般管理費	21,273
営業利益	13,875
営業外収益	737
営業外費用	2,455
経常利益	12,157
特別利益	720
特別損失	1,088
税金等調整前当期純利益	11,789
法人税, 住民税及び事業税	4,126
法人税等調整額	562
当期純利益	7,101
非支配株主に帰属する当期純利益	673
親会社株主に帰属する当期純利益	6,428

連結キャッシュ・フロー計算書

自　令和 X1 年 4 月 1 日　至　令和 X2 年 3 月 31 日

(単位：円)

営業活動によるキャッシュ・フロー	10,839
投資活動によるキャッシュ・フロー	△9,136
財務活動によるキャッシュ・フロー	△3,274
現金及び現金同等物の増減額	△1,571
現金及び現金同等物の期首残高	5,708
現金及び現金同等物の期末残高	3,637

（1） 収益性分析

　財務諸表分析の実施にあたっては，まず，企業の収益性を判断する必要がある。企業の収益性を判断するための中心的な指標として資本利益率がある。資本利益率には種々のものがあるが，一般には，総資本経常利益率が用いられる。

　総資本経常利益率は，企業の総資本を運用した結果，どれだけの経常利益をあげたのかを判断する指標である。業種や企業規模により一概にはいえないが，法人企業統計によれば，わが国企業の 2021 年度の総資本経常利益率の平均は 4.3% である（金融業，保険業を除く）。したがって，当該企業の総資本経常利益率は平均的な水準を上回っており，収益性には問題はないといえる。

　なお，総資本経常利益率は，売上高経常利益率と総資本回転率に分解でき，収益性と同時に財務流動性という資金繰りの一端をも知ることができる。当該企業の売上高経常利益率は 7.0%，総資本回転率は 1.1 回となる。

$$① \quad 総資本経常利益率 = \frac{経常利益}{総資本} \times 100 \ (\%)$$

$$= \frac{12{,}157}{155{,}580} \times 100 \ (\%) = 7.8\%$$

$$② \quad 総資本経常利益率 = \frac{経常利益}{総資本} \times 100 \ (\%)$$

$$= \frac{経常利益}{売上高} \times 100 \ (\%) \times \frac{売上高}{総資本}$$

$$= 売上高経常利益率 \times 総資本回転率$$

$$= \frac{12{,}157}{173{,}159} \times 100 \ (\%) \times \frac{173{,}159}{155{,}580}$$

　営業キャッシュ・フロー・マージンは，キャッシュ・フロー計算書の視点から収益性を判断するための代表的な指標である。この指標は，売上高経常利益率のキャッシュ・フロー版といえる。

③　営業キャッシュ・フロー・マージン

$$= \frac{\text{営業キャッシュ・フロー}}{\text{売上高}} \times 100 \ (\%)$$

$$= \frac{10{,}839}{173{,}159} \times 100 \ (\%) = 6.3\%$$

（2）　財務安全性分析(短期財務流動性分析)

　財務安全性分析は，企業の短期的な資金繰りに関する分析であり，短期財務流動性分析とも呼ばれる。財務安全性分析に用いられる代表的な指標には，自己資本比率，流動比率，当座比率，営業キャッシュ・フロー対流動負債比率などがある。まず自己資本比率の分析を行い，次いでその他の分析を実施する。

　自己資本は，他人資本(負債)とは異なり，返済義務の無い資金調達源泉であり，純資産の部から新株予約権と非支配株主持分を控除した金額で求められる。したがって，自己資本比率が高いほど財務安全性は高いと判断できる。業種や企業規模によって異なるが，一般に自己資本比率は 50% 以上が好ましいといわれる。なお，法人企業統計によれば，わが国企業の 2021 年度の自己資本比率の平均は 40.5% である(金融業，保険業を除く)。当該企業の自己資本比率は 30.4% であり，したがって，当該企業は問題があるといえる。

①　自己資本比率 $= \dfrac{\text{自己資本}}{\text{総資本}} \times 100 \ (\%) = \dfrac{47{,}300}{155{,}580} \times 100 \ (\%) = 30.4\%$

　流動比率は，企業の短期的な支払能力(債務弁済能力)を示す指標である。業種や企業規模によって異なるが，一般に流動比率は 200% 以上あることが望ましいとされる。当企業の流動比率は 90.9% であり，したがって，当該企業は支払能力の点で問題があるといえる。

②　流動比率 $= \dfrac{\text{流動資産}}{\text{流動負債}} \times 100 \ (\%) = \dfrac{50{,}447}{55{,}519} \times 100 \ (\%) = 90.9\%$

　企業の支払能力は流動比率によってその概要を判断することができるが，

流動資産の中にはすぐに現金化できない項目も含まれている。そこで，より確実な企業の支払能力を判断するために，流動資産のうちすぐに現金化できる「現金及び預金」，「受取手形及び売掛金」および「有価証券」を用いた当座比率がある。当座比率は酸性試験比率とも呼ばれる。業種や企業規模にもよるが，一般に当座比率は 100% 以上であることが望ましいとされ，「1 対1 の原則」ともいわれる。当該企業の当座比率は 59.6% であり，したがって，当該企業はこの点でも問題があるといえる。

③ 　当座比率 $= \dfrac{当座資産}{流動負債} \times 100 \, (\%) = \dfrac{33{,}110}{55{,}519} \times 100 \, (\%) = 59.6\%$

営業キャッシュ・フロー対流動負債比率は，キャッシュ・フロー計算書の視点から企業の支払能力を判断するための代表的な指標であり，企業が営業活動によって創出した資金による短期的債務の返済可能性を示す。また，この指標は，当座比率のキャッシュ・フロー版という性格を有しており，企業の短期的な支払能力の判断にあたっては，わが国のキャッシュの概念から考えて当座比率よりも厳格な指標といえる。

④ 　営業キャッシュ・フロー対流動負債比率

$$= \dfrac{営業キャッシュ・フロー}{流動負債} \times 100 \, (\%)$$

$$= \dfrac{10{,}839}{55{,}519} \times 100 \, (\%) = 19.5\%$$

（3） 財務安定性分析（長期財務流動性分析）

財務安定性分析とは，企業の財務構造に関する分析であり，長期財務流動性分析とも呼ばれる。財務安定性分析の主な指標には，固定比率や固定長期適合率などがある。

固定資産など長期間使用する資産の取得にあたっては，基本的には自己資本をその財源としなければならない。この点に関する指標として固定比率がある。業種や企業規模によって一概にはいえないが，一般に，固定比率は100% 以下が好ましいとされる。当該企業の固定比率は 222.3% である。し

たがって，財務安定性の観点からは問題があるといえる。

① 固定比率 $= \dfrac{固定資産}{自己資本} \times 100$ (%) $= \dfrac{105{,}131}{47{,}300} \times 100$ (%) $= 222.3\%$

　固定資産の資金調達源泉として，自己資本に加えて返済期間の長い固定負債を考慮した指標として，固定長期適合率がある。これも業種や企業規模によって一概にはいえないが，一般に 100% 以下が好ましいといわれる。当該企業の固定長期適合率は 110.5% である。したがって，固定長期適合率でみた場合でも当該企業の財務安定性には若干の問題があるといえる。

② 固定長期適合率 $= \dfrac{固定資産}{自己資本 + 固定負債} \times 100$ (%)

$$= \dfrac{105{,}131}{47{,}300 + 47{,}800} \times 100 \text{ (\%)} = 110.5\%$$

　このように，主要な指標を用いて検討してきたが，本章で取り上げた企業は，収益性の点では問題はないものの，財務安全性や財務安定性の点で改善の余地があるといえる。

包括利益を用いた財務諸表分析　第4節

　包括利益を収益性の指標として用いることについては，現在盛んに議論が行われている段階であるが，今後，財務諸表分析に有用な指標として示される可能性がある。そこで本節では，次に示す連結包括利益計算書[注]に基づいて，包括利益を用いた財務諸表分析のうち，純資産包括利益率について説明する。

　純資産包括利益率の説明の前提として，自己資本純利益率を取り上げる。自己資本純利益率は，株主(親会社株主)の観点からみた収益性を判断する指標である。自己資本に対応する利益は，特別損益項目を含めた最終的な企業業績である親会社に帰属する当期純利益である。

$$① \quad 自己資本純利益率 = \frac{親会社に帰属する当期純利益}{自己資本} \times 100 \,(\%)$$

$$= \frac{6,428}{47,300} = 13.5\%$$

連結包括利益計算書

自　令和 X1 年 4 月 1 日　至　令和 X2 年 3 月 31 日

（単位：円）

当期純利益	7,101
その他の包括利益	1,145
その他有価証券評価差額金	539
繰延ヘッジ損益	△1
為替換算調整勘定	555
退職給付に係る調整額	52
包括利益	8,246
（内訳）	
親会社株主に係る包括利益	6,597
非支配株主に係る包括利益	1,649

　純資産包括利益率は，自己資本純利益率の包括利益版といえる。純資産は，純資産の部の合計金額であり，純資産に対応する利益は，純資産の期首と期末の差額である包括利益である。なお，親会社株主に係る包括利益を用いる考え方もあるが，本節では，包括利益と純資産を用いている。本節のケースでは，純資産包括利益率が自己資本純利益率よりも高い結果となっており，包括利益の内訳項目である「その他の包括利益」の内容について注意する必要がある。

$$② \quad 純資産包括利益率 = \frac{包括利益}{純資産} \times 100 \,(\%) = \frac{8,246}{52,261} = 15.8\%$$

（注）　包括利益計算書には，1 計算書方式と 2 計算書方式とがある。本節では 2 計算書方式を前提としている。

〔演 習 問 題〕

1.　財務諸表分析の必要性について説明しなさい。

2.　財務諸表分析の種類について説明しなさい。

（参考文献）

祷道守・山地範明・威知謙豪〔2011〕「資本利益率の価値関連性に関する実証研究
　　―証券市場からみた資本と利益の関係―」『年報経営分析』第27号，23-29
　　頁。

桜井久勝〔2020〕『財務諸表分析（第8版）』中央経済社。

財務省財務総合研究所〔2022〕「法人企業統計（時系列データ）」〈https://www.e-
　　stat.go.jp/〉

平松一夫・井上浩一・山地範明編〔2009〕『事例でわかる企業分析』東京経済情報
　　出版。

藤井則彦〔2005〕『エッセンシャル・アカウンティング』同文舘出版。

藤井則彦・山地範明〔2008〕『ベーシック・アカウンティング（改訂版）』同文舘出
　　版。

藤井則彦・藤井博義・威知謙豪〔2022〕『スタートアップ財務管理と会計』中央経
　　済社。

第4章

国 際 会 計

　グローバル化時代といわれるように，今日，企業活動の国際化はこれまでにないペースで進展しており，また，各国の企業による資金調達も自国内の資本市場に限らず，世界中の投資家から資金を調達しなければならなくなった。一方で，投資家にとっては各国の企業が公表する財務諸表が十分な比較可能性を有していなければ，正確かつ安全な投資の判断ができない。このように，企業・投資家のいずれにおいても，各国の企業が公表する財務諸表が比較可能性を有することを必要としており，国際会計へのニーズが高まっている。

　本章では，欧州連合(EU)による国際財務報告基準(IFRS)の採用(アドプション)を契機として IFRS が事実上のグローバルな会計基準となりつつある点と，わが国における IFRS への対応状況(コンバージェンスとアドプション)に焦点をおいて説明する。

国際会計の必要性　第1節

　企業の国際化・多国籍化の進展に伴い，企業は自国の資本市場に留まらず，国際的な資本市場からの資金調達を実施している。国際的な資本市場での資金調達を実施するにあたっては，企業は，原則として資金調達先の会計基準に準拠した**財務諸表**の作成が要求される。そのため，財務諸表作成者である企業は，自国の会計基準とは異なる会計基準に準拠した財務諸表を作成するためのコストを負担しなければならない。また，財務諸表利用者である投資家は，異なる会計基準に準拠した財務諸表を利用して投資意思決定をしなければならないことになる。とりわけ，投資家の立場からみた場合，企業が作成する財務諸表が十分な比較可能性を有していなければ，正確かつ安全な投資判断を行うことができない。

　例えば，1993（平成5）年度のダイムラー・ベンツ社（現：ダイムラー社）の**連結財務諸表**は，ドイツ会計基準に準拠して作成された連結財務諸表では615百万ドイツマルクの利益が計上されているが，米国会計基準に準拠して作成された連結財務諸表では1,839百万ドイツマルクの損失が計上されている。他にも，ジャスコ株式会社（現：イオン株式会社）の2001（平成13）年2月期決算によれば，わが国の会計基準に準拠して作成された連結財務諸表では225億円の利益が計上されているものの，米国会計基準に準拠して作成された連結財務諸表で計上された利益は92億円となっている。このように，同一の企業であっても，いずれの国・地域の会計基準に準拠して財務諸表が作成されるかによって相当の差異がみられる。したがって，国際的に統一された会計基準が必要となるのである。

国際会計の萌芽

国際会計(International Accounting)は，20世紀初頭よりアカウンティングの一領域として認識されており，その後1960年代から70年代にかけて本格的な検討が行われるようになった。国際会計に関する研究は，国際会計基準委員会(IASC)を中心に，国際会計士連盟(IFAC)や国連(UN)，経済協力開発機構(OECD)，欧州共同体(EC：現在の欧州連合(EU))等で行われてきた。

IASCは，1973(昭和48)年6月にオーストラリア，カナダ，フランス，西ドイツ(当時)，日本，メキシコ，オランダ，イギリスおよびアイルランド，アメリカの会計士団体により設立され，事務局はロンドンに置かれた。IASCは民間組織であるため，当初，IASCによって公表される国際会計基準(IAS)は法的な強制力を有していなかったが，後に，証券監督者国際機構(IOSCO)によってIASの支持が表明され，これ以降，法的な強制力を有するに至った。IASCは最終的に41のIASを公表した。その後，IASCは，1998(平成10)年12月に主要項目についての会計基準(コア・スタンダード)を完成させたことを契機に，2001(平成13)年1月に国際会計基準審議会(IASB)へと改組された。なお，IASCが公表したIASおよび解釈指針書(SIC)の各号と，IASBが公表する国際財務報告基準(IFRS)および解釈指針書(IFRIC)の各号を含めた総称を「国際財務報告基準(IFRS)」という。

IASBの理事は，IASBの発足当初の時点では計14名の理事から構成され，その内訳は，アメリカ5名，イギリス2名，カナダ・オーストラリア(ニュージーランドを含む)・ドイツ・フランス・スイス・南アフリカ・日本から各1名であった。現在は，欧州，アジア・オセアニア，南北アメリカから各4名，アフリカ1名，その他1名で運営されている。このように，IASBはその発足時点と比べると欧州や北米以外の理事を増やしており，グローバルな会計基準設定主体となりつつある。

会計基準のコンバージェンス　第節

　IASB の設立以降，IASB は，米国会計基準やわが国会計基準とのコンバージェンスの実現に向けて本格的な活動を行っている。コンバージェンス（IFRS とのコンバージェンス）とは，自国の会計基準を IFRS と重要な差異がないように修正していくことを意味する。これは，EU が 2002(平成 14)年 7 月に IFRS の強制適用を決定したことを契機に，IFRS ならびに IASB の影響力が国際的に高まったことがその背景にある。

　IFRS と米国会計基準とのコンバージェンスに向けた活動は，米国財務会計基準審議会(FASB)と IASB との間で，2002(平成 14)年 10 月に米国会計基準と IFRS のコンバージェンスに向けた活動を開始することが合意され（ノーウォーク合意），その後，2006(平成 18)年 2 月に公表された「IFRSs と米国会計基準との間のコンバージェンスに対するロードマップ—2006-2008，FASB と IASB との覚書」において，コンバージェンスに関する具体的な計画が初めて示されることとなった。ここでは，短期的にコンバージェンスを実現する項目として，「公正価値オプション」，「減損」，「法人所得税」，「投資不動産」，「研究開発費」，「後発事象」，「借入費用」，「政府補助金」，「ジョイント・ベンチャー」，「セグメント報告」の 10 項目があげられている。その他に，その他の共同プロジェクト(既に議論が開始されている項目)として，「企業結合」，「連結」，「公正価値測定の指針」，「資産と負債の区分」，「業績報告」，「退職後給付(年金を含む)」，「収益認識」の 7 項目と，その他の共同プロジェクト(まだ議題が開始されていない項目)として，「認識中止」，「金融商品(現行基準の改正)」，「無形資産」，「リース」の 4 項目があげられてた。その後，2008(平成 20)年 9 月に公表された「2006 年 2 月の覚書の完了：進捗状況の報告及び完了予定表」では，これまでの IASB と FASB の活動の成果と今後の作業予定が示され，IASB と FASB が共同で検

討した内容がそれぞれの会計基準として公表されるまでに至っている。

わが国会計基準の国際化は，1996(平成 8)年から 2001(平成 13)年にかけて実施された一連の会計改革(「会計ビッグバン」と呼ばれる)から開始されたものであるが，この時点では，一部の基準を除いて主に米国会計基準の影響を受けたものであった。つまり，当時は，米国会計基準が国際資本市場におけるグローバルな会計基準としての地位を有していたのである。

しかしながら，2005(平成 17)年 7 月に，EU の証券規制当局である欧州証券規制当局委員会(CESR)より，「特定第三国の公正なる会計基準の同等性及び財務情報の法執行に関する特定第三国のメカニズムの記述に関する技術的助言」(以下，技術的助言)が公表され，わが国会計基準と IFRS との間に 26 項目の差異が存在することが指摘された。なお，26 項目のうち 18 項目が米国会計基準と共通であった。これ以降，わが国は IFRS とのコンバージェンスの実現へと方向転換をしている。

同等性評価の最終結論の公表は当初の予定より 3 度延期されたが，その後のコンバージェンスの進展に伴って，EU は，2008(平成 20)年 12 月に，米国会計基準およびわが国会計基準は IFRS と同等であると最終報告を公表した。これにより，現在，わが国会計基準や米国会計基準は EU 域内の資本市場において引き続き利用可能となっている。

その後，わが国の会計基準設定主体である企業会計基準委員会(ASBJ)は，2007(平成 19)年 8 月に IASB と共同で「東京合意」を公表し，会計基準のコンバージェンスに向けて，(1)EU の同等性評価における主要な差異(26 項目)については，原則として 2008(平成 20)年中に解消する，(2)同等性評価における重要な差異以外の既存の差異を，2011(平成 23)年 6 月までに解消する，(3)現在 IASB が検討中の会計基準のうち，2011(平成 23)年 6 月末以降に適用される会計基準については，その新基準適用時にわが国において国際的なアプローチが受け入れられるよう緊密に作業を行うこと，の 3 点を合意している。東京合意の公表以降，企業会計基準委員会によって新設・改訂されるわが国会計基準は，基本的に IFRS とのコンバージェンスを

強く意識したものとなっている。

　現在のわが国会計基準と IFRS との主な相違点としては，のれんの会計処理をあげることができる。わが国会計基準では，企業の買収・合併により生じることとなったのれん（正ののれん）は 20 年以内のその効果が及ぶ期間で均等償却をすることが求められている。これに対して，IFRS では，のれん（正ののれん）の償却を行わず，減損テストを毎年実施し，のれん（正ののれん）の価値が著しく下落した場合に減損処理をすることが求められている。

国際財務報告基準のアドプション　第4節

　EU（旧：EC）は，従来，EC 指令（directive）の国内法化という手続きによって域内会計基準の調和化を推進してきたが，2002（平成 14）年 7 月に IAS 規則を採択し，2005（平成 17）年 1 月以降に開始される会計年度より，EU 域内の上場企業に対して IFRS に準拠した連結財務諸表の作成を義務付けている（IFRS を自国・地域の会計基準として採用することを「アドプション」という）(注)。これによって，IFRS に準拠した連結財務諸表の作成が現実のものとなった。加えて EU は，EU 域内市場に上場する EU 域外の企業に対しても，2007（平成 19）年 1 月より「IFRS またはこれと同等の会計基準」に準拠した連結財務諸表の作成を義務付けることを決定している。

　　(注)　なお，EU が採用する IFRS（「EU 域内での使用のために採用された IFRS」）では，IAS 第 39 号「金融商品：認識および測定」の公正価値オプションとポートフォリオヘッジの一部の条項を適用除外（カーブアウト）することが認められている。

　EU による IFRS のアドプションを契機に，IFRS のアドプションを表明する国・地域が急速に増加し，2018 年の時点で 166 ヵ国・地域が IFRS を利用している（IASB Foundation〔2018〕）。各国・地域における IFRS の利用

図表 4-1 　IFRS の適用国・地域[注]

（注）　一定の要件を満たす企業に限定している国・地域（濃い網かけ部分）を含む。
出所：IASB Foundation〔2018〕, pp. 3-6 を基に作成。

状況は図表 4-1 に示すとおりである。

　世界最大の資本市場を有する米国では，2007（平成 19）年 11 月に米国証券取引委員会(SEC)が，米国の資本市場で資金調達を実施する非米国企業に対して，IFRS に準拠した連結財務諸表の提出を認めることを決定し，同年 12 月に関連する規則を改訂した。また，SEC は，国内企業に対しても，IFRS に準拠した連結財務諸表を容認するかについて検討を開始し，2008（平成 20）年 11 月に公表した「米国の発行者が IFRS に準拠して作成した財務諸表を使用する可能性に関するロードマップ案」では，2011（平成 23）年までに IFRS の適用を義務付けるか否かを検討し，2014（平成 26）年 12 月 15 日より段階的に IFRS に準拠した連結財務諸表の作成を強制することを提案している。

　その後，SEC は，2010（平成 22）年 2 月に公表した「コンバージェンスとグローバル会計基準の支持声明」において，米国企業に対する IFRS の適用

について 2011(平成 23)年までにその判断を行うこととしたものの，現時点では，IFRS の受入れの可否の判断は見送られている。

　このような状況の下で，わが国においても，IFRS のアドプションに向けた動きが進展し，金融庁の企業会計審議会は，2009(平成 21)年 6 月 16 日付けで公表した「我が国における国際会計基準の取扱いについて(中間報告)」において，一定範囲の企業には 2010(平成 22)年 3 月期からの IFRS の任意適用を認めるとした。その後，2009(平成 21)年 12 月 11 日に連結財務諸表規則や会社計算規則の改正などの関連法規が改正され，IFRS に準拠した連結財務諸表の作成・公表に関連する制度がわが国においても整備されることとなった。

　2022 年 3 月期決算までの時点において，東京証券取引所に上場しているわが国企業のうち IFRS を適用している企業は 247 社であり，今後 IFRS を適用することを決定している企業は 12 社，今後 IFRS を適用することを予定している企業は 5 社となっている。これらの計 264 社の時価総額の合計は約 316 兆円であり，東京証券取引所の上場企業時価総額合計約 700 兆円に占める割合は 45.1% となっている(東京証券取引所〔2022〕，6 頁)。このように，時価総額ベースでみると東京証券取引所上場企業の半分近くの企業が IFRS 適用企業，IFRS 適用決定企業，IFRS 適用予定企業となっており，わが国においても IFRS の適用が拡大している。

わが国における国際会計の今後の方向性　第5節

　IFRS のアドプションを実施している国・地域の拡大が進んでおり，グローバルな会計基準としては，事実上 IFRS がその地位を確立しつつある。SEC は，米国国内企業に対する IFRS の強制適用の可否に関する決定を先送りしているものの，わが国では既に，IFRS の適用に関する環境が整備さ

れている。すなわち，わが国のアカウンティングは従来のコンバージェンスからアドプションへと向かっている。

　これらの動向に加えて，IASBの母体であるIFRS財団は，2021年11月に国際サステナビリティ基準審議会(International Sustainability Standards Board：ISSB)を設立し，気候変動関連の情報を含む企業価値評価に重要なサステナビリティに関する財務情報の開示基準の開発に取り組んでいる。また，わが国でも企業会計基準委員会の母体である財務会計基準機構は2021年12月にサステナビリティ基準委員会を設立し，今後は，国際的なサステナビリティ開示基準の開発への貢献やディスクロージャーに関する提言を行うとしている。このように，サステナビリティ会計の分野においても国際的な活動が活発化している。

〔演 習 問 題〕

1.　国際会計と日本の会計との相違点についてどのように考えますか。
2.　国際会計の将来についてどのように考えますか。

(参考文献)

企業会計審議会企画調整部会〔2009〕「我が国における国際会計基準の取扱いについて(中間報告)」(6月16日)。

企業会計審議会〔2013〕「国際会計基準(IFRS)への対応のあり方に関する当面の方針」(6月19日)。

杉本徳栄〔2009〕『アメリカSECの会計政策：高品質で国際的な会計基準の構築に向けて』中央経済社。

東京証券取引所〔2022〕「『会計基準の選択に関する基本的な考え方』の開示内容の分析」(7月22日)。

平松一夫編〔2008〕『国際財務報告論：会計基準の収斂と新たな展開』中央経済社。

平松一夫・辻山栄子責任編集〔2014〕『体系現代会計学第4巻　会計基準のコンバージェンス』中央経済社。

藤井則彦〔1997〕『日本の会計と国際会計(増補第3版)』中央経済社。

藤井則彦編〔2003〕『中東欧の会計と国際会計基準』同文舘出版。

藤井則彦〔2005〕『エッセンシャル・アカウンティング』同文舘出版。

藤井則彦・山地範明〔2008〕『ベーシック・アカウンティング(改訂版)』同文舘出版。

藤井秀樹〔2007〕『制度変化の会計学―会計基準のコンバージェンスを見すえて』中央経済社。

山地範明〔2009〕『会計制度(四訂版)』同文舘出版。

ASBJ・IASB〔2007〕*Agreement on initiatives to accelerate the convergence of accounting standards*, August 8, 2007(企業会計基準委員会・国際会計基準審議会「会計基準のコンバージェンスの加速化に向けた取組みへの合意」(8月8日))。

CESR〔2005〕*Technical Advice on Equivalence of Certain Third Country GAAP and on Description of Certain Countries Mechanisms of Enforcement of Financial Information*, Ref : CESR/05-203b.

IASB〔2022〕*IFRS Standards : issued at 1 January 2022*, IFRS Foundation.（IFRS財団編, 企業会計基準委員会・財務会計基準機構監訳. 2022. 『IFRS基準:注釈付き 2022年版』中央経済社。

IASB・FASB〔2002〕*Memorandum of Understanding "The Norwalk Agreement" Agreement*, October 29, 2002(古内和明訳〔2003〕「覚書:ノーウォーク合意」『JICPAジャーナル』第570号, p.74).

IASB・FASB〔2006〕*A Roadmap for Convergence between IFRSs and US GAAP―2006-2008 Memorandum of Understanding between the FASB and the IASB*, February 27, 2006(企業会計基準委員会訳「IFRSsと米国会計基準との間のコンバージェンスに対するロードマップ―2006-2008, FASBとIASBとの覚書」(2006年6月27日))。

IASB・FASB〔2008〕*Completing the February 2006 Memorandum of Understanding : A progress report and timetable for completion.* September, 2008(企業会計基準委員会訳「2006年2月の覚書の完了:進捗状況の報告及び完了予定表」(2008年9月))。

IFRS Foundation〔2018〕*Use of IFRS Standards Around the World*, September, 2018.

SEC〔2008〕*Proposed Rule : Roadmap for the Potential Use of Financial Statements Prepared in Accordance with International Financial Reporting Standards by U.S. Issuers*(Release Nos. 33-8982 ; 34-58960)November 14, 2008.

SEC〔2010〕*Commission Statement in Support of Convergence and Global Accounting Standards*,（Release Nos. 33-9109 ; 43-6178）February 27, 2010.

第5章

管 理 会 計

　管理会計は Management Accounting や Managerial Accounting と表現されるように，経営管理のためのアカウンティングである。**管理会計**は，伝統的には計画と統制のアカウンティングとして重要であったが，近年では企業が存続をかけた競争優位を確立するための戦略を策定する上で有用な情報を提供するための**戦略管理会計**として重視されている。なお，第6章の原価会計とは密接な関係にある。特に戦略との関係では第6章第6節，第7節が関連する。

管理会計の必要性　第**1**節

　管理会計は経営戦略策定のための情報を提供し，経営者や各階層の管理者の様々な**意思決定の支援**を行い，**業績評価**のための情報を提供するアカウンティングである。財務会計とは異なり，企業経営に役に立たなければ，意味をなさないのである。昨今の経済のさらなるグローバル化，企業の国際競争の激化，情報技術の進化，生産環境の変化，環境問題への対応，顧客の多様化など，企業をとりまく内外の環境変化が激しい状況に対し，企業はこれまで以上に生き残りをかけた，戦略的な経営を行い，企業価値を高める必要がある。すなわち，競合他社に勝つための**経営戦略**を策定し，具体的な計画を立て，実行し，それを評価し，そして将来の新しい戦略へとつなげなければならない。そのためには，正確でタイムリーな管理会計情報が経営管理者に提供されることが，ますます重要になっている。

　なお，企業経営はこれまでのように，単に合理性，効率性ということだけでは説明・解明できない問題があり，管理会計の研究では，これまでの管理会計技法の問題だけを対象としては解明できないことを，様々な観点(隣接する諸分野である心理学，社会学など)で説明すべく学際的な研究が注目されている。また，管理会計は第6章で取り上げる原価計算とは密接な関係にあるが，できるだけ内容が重複しないように説明する。

管理会計の体系　第**2**節

　管理会計は20世紀初頭のアメリカにおいて，テイラー(F. W. Taylor)の科学的管理法の考え方をアカウンティングに取り入れた，標準原価計算および

予算の確立により生成したとされる(標準原価計算については第 6 章第 5 節を参照)。マッキンゼー(J. O. Mckinsey)が 1924 年に出版した *Managerial Accounting* が最初の体系的なテキストであるといわれている。

実務的には，18 世紀後半以降，企業においては，それまでの小規模な工場での生産から，大規模な工場の出現により**大量生産**が行われるようになった。また鉄道など輸送システムの発達により，より広域での販売が可能となった。こうした変化により，経営者は大規模化した組織を管理し，効率的な生産を追求し，利益を出さなければならなかった。この企業を管理する手段として，効率的な生産手段を助けるために，管理会計の様々な手法が生まれたのである。

経営は企業のビジョンにしたがった経営戦略を策定し，それを具体化した経営計画(Plan)⇒実行(Do)⇒評価(Check)⇒改善(Action)という**マネジメントサイクル(PDCA サイクル)**に沿って行われ，このサイクルのすべてに管理会計情報は必要不可欠なものである。

管理会計は伝統的に機能の観点から，図表 5-1 のように大きく計画会計と統制会計に分けることができる。計画会計は個別計画会計と期間計画会計に分類できる。近年では，個別計画会計を意思決定会計，期間計画会計と統制会計を業績管理会計というように分類されることが多い。意思決定会計は，企業が直面する個別的な意思決定問題に有用な情報を提供することを目的とする。業績評価会計は企業の目的を達成すべく計画どおりに行動されたかどうか，業績を評価することによって，経営者および各階層の管理者を動機づける目的がある。

図表 5-1　管理会計の体系

　また，アメリカ会計学会(ＡＡＡ)の基礎的会計理論に関する報告書(ASO-
BAT : *A Statement of Basic Accounting Theory*)では図表 5-2 のように，経営活動
の種類とマネジメント機能の 2 つの基準を用いて計画，統制を定型化できる
ものと，できないものに分類している。例えば，経営管理者の計画という活
動は(1)の非定型的活動である。

図表 5-2　ASOBAT の管理機能区分

機能＼活動	非定型的活動	定型的活動
計　　画	（1）	（2）
統　　制	（3）	（4）

利益計画と損益分岐点分析　第3節

　企業では，経営活動の根幹をなす事業の目的や存在理由など，共通の価値
観を簡潔に表現した経営理念が存在する。この経営理念に従い，長期的な構
想であるビジョンが策定される。このビジョンを達成するために経営方針が
示され，経営戦略や中長期の経営計画が立てられる。中長期の経営計画達成
のために，具体的な利益計画が作成される。利益計画には短期利益計画と中
期利益計画，長期利益計画がある。短期利益計画は長期の利益計画達成のた
めに，単年度(1 年)に必要な利益目標，売上高目標などを示したものであ
る。短期利益計画が通常 1 年単位であるのに対し，長期利益計画は通常 5 年
である。短期利益計画は長期利益計画の初年度として扱われるが，経済状況
の変化や企業環境の変化により長期利益計画の見直しが行われることがあ
る。これをローリング方式(ころがし方式)という。近年では，経営環境の変
化が速いことから，3 年の中期利益計画を重視している企業が多い。利益計
画が確定すれば，予算編成方針を決定し，それに基づいて各部門を中心に部

門予算を編成する。

1.　目標利益の設定

利益計画ではまず**目標利益**を設定する。目標利益を表示する方法としては，資本利益率，売上高利益率，期間利益額がある。期間利益額には営業利益や経常利益が使われるが，効率性に目が向かないという欠点がある。売上高利益率についても同様である。ここでは効率性を表す総合指標である資本利益率を示す。

$$資本利益率 = \frac{利益}{資本}$$

$$= \frac{利益}{売上高} \times \frac{売上高}{資本}$$

$$= 売上高利益率 \times 資本回転率$$

資本利益率を大きくするには，売上高利益率を高めるか，資本回転率をよくするような改善を検討すればよい。

2.　損益分岐点分析（CVP 分析）

売上高利益率を検討するためには，**損益分岐点分析**により**損益分岐点**（break-even point）を求めることが有効である。損益分岐点とは，売上高と費用が等しくなり，利益がゼロとなる売上高水準である。損益分岐点以上の売上高があれば利益は上がるし，それ以下であれば損失ということになる。なお，ここでは CVP 分析と損益分岐点分析を広義の意味でほぼ同義と考える。ちなみに CVP とは，それぞれ cost（原価），volume（操業度），profit（利益）を示している。CVP 分析とは操業度が変化すると原価と利益がどのように変化するかの分析である。

損益分岐点を計算するためにはまず，すべての費用を操業度（売上高）の増

減に応じて総額で比例的に増減する**変動費**(variable cost)と操業度(売上高)の増減にかかわらず総額では変化しない**固定費**(fixed cost)に分ける(固変分解)。次に，変動費，固定費について，売上と費用との関係から次の2式が求められる。

売上高 − 変動費 − 固定費 = 利益

売上高 − 変動費 = 限界利益

上記2つの式より次式が得られる。

限界利益 − 固定費 = 利益

損益分岐点売上高とは利益がゼロになる時の売上高であるから，

限界利益 = 売上高 × 限界利益率 = 固定費

が損益分岐点売上高では成立する(限界利益率 = 限界利益 ÷ 売上高)。したがって，次式が成り立つ。

$$損益分岐点売上高 = \frac{固定費}{限界利益率}$$

また，目標利益を達成するめの売上高も計算することができる。

$$目標利益売上高 = \frac{固定費 + 目標利益}{限界利益}$$

さらに，会社の利益の安定性を見るために，損益分岐点売上高と現在の売上高の比率を計算したものを安全率という。

$$安全率(損益分岐点の位置) = \frac{損益分岐点売上高}{現在の売上高}$$

この比率が低ければ低いほど経営が安定している。

企業の安全性を示す指標として，計画売上高と損益分岐点売上高との関係を見るものに，安全余裕率がある。

$$安全余裕率 = \frac{計画売上高 − 損益分岐点売上高}{計画売上高}$$

この指標が高ければ安全性が高い。

<table>
<tr><td>予算管理</td><td>第**4**節</td></tr>
</table>

　企業予算とは，トップマネジメントのビジョンや経営方針，経営戦略が反映された利益計画を，部門ごとの具体的な実行計画に落とし込み，会計数値(金額)で表わしたものである。予算には計画，調整，統制の3つの役割がある。予算を立てるにあたり，まず企業の目標を明確にし，どのような戦略でもって目標を達成させるのか，そのためには各部門は何を行えばいいのかを詳細に検討し，金額ベースで計算する必要がある(予算の計画機能)。設定された予算は事後に実績と比較・分析され，差異が生じればその理由を分析し管理される(予算の統制機能)。なお，予算プロセスにおいて，組織階層を横断する管理者間や，同一階層の管理者間で，企業全体の目標にあわせた予算になるように調整が行われる(予算の調整機能)。

1.　予算の種類と体系

　予算は様々な基準によって分類できる。まず，予算期間を基準に，短期予算，中・長期予算に分類できる。1年以内を対象にする予算が短期予算で，3年もしくは5年を対象とする予算が中・長期予算である。しかしながら，現実的には設備投資計画や，資本調達計画など長期計画として機能している。

　図表5-3で示しているように，予算は資金予算，損益予算，資本予算の3つに大別できる。資金予算は短期的な資金に関する予算である。資金予算は現金の出入りを中心とした資金繰りについての予算であり，現金収支予算，運転資本予算，信用予算などから構成されている。また資金予算は短期資金予算と長期資金予算に分類される。損益予算は損益計算書の各項目についての予算であり，業務予算とも呼ばれ，主に製造・販売に関わる活動の予算で

図表 5-3　予算の体系

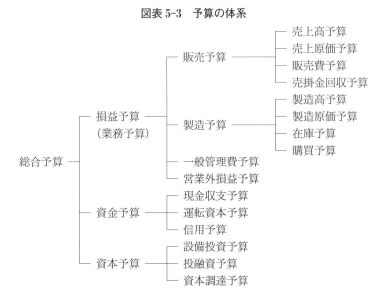

ある。損益予算は売上高予算，販売費予算，在庫予算，購買予算，製造高予算などから構成されている。資本予算は，設備投資など固定資産の取得や，有価証券などの投資に関する個別プロジェクトに関わる予算である。**資本予算**は設備投資予算，投融資予算，資本調達予算から構成されている。なお，資本予算の編成については第6節で説明する。

2.　予算の編成

　予算編成にはトップマネジメントがトップダウンで一方的に各部門の予算を決める**割当予算**(トップダウン方式)と，現場の各担当者がボトムアップで自主的に予算を設定し，それを集計することで会社全体の予算を設定する**積上予算**(ボトムアップ方式)がある。現実には，二者択一ではなく，予算委員会などの組織を設け，トップマネジメントと各部門とで調整しながら行う折衷型が用いられている。

　ここでは損益予算の編成について説明する。販売予算の編成にあたり，ま

ず売上高予算の編成が行われる。売上高予算の編成は過去の売上高などをベースに将来の売上高を予測する**販売分析**や，市場の動向に関する**市場分析**，また**経済予測**などをもとに行われる。次に販売費予算が販売促進費，物流費，販売管理費に分けて編成される。売上高予算が編成されると，生産計画が決定され，これをもとに**直接材料費，直接労務費，直接経費および製造間接費**といった個々の要素別に製造原価が積み上げられて製造原価予算が作成される。そして，最後に一般管理費予算と営業外損益予算が作成される。

3.　予　算　統　制

　予算統制とは，編成された予算と実績の差異分析を行い，これに基づいて各部門あるいはその管理者の業績評価を行い，さらに問題点の是正活動をとることである。予算統制には，計画に対する統制と実績に対する統制がある。計画に対する統制は前項で示したように，予算策定においてトップダウン式に行うのではなく，現場の意見も取り入れた**参加型予算**を行うことにより，全体目標の達成のための動機付けが行われるのである。実績に対する統制では，**予算差異分析**を行い，部門別に差異の原因と責任を明確にする。

　予算差異分析の方法は目的によって様々である。主な分析としては，利益差異から収益差異や原価差異に分解し，さらに詳細に市場数量差異，市場占有率差異，販売費差異などを分析し，差異の発生原因を明確にし，利益改善策の検討や戦略の見直しへとつなげる。一例として，収益差異である売上高差異を示す。売上高差異分析とは実際売上高と予算売上高との差額であり，販売価格差異と販売数量差異に分けて分析される。

　　　　販売価格差異＝(実際販売価格－予算販売価格)×実際販売数量

　　　　販売数量差異＝(実際販売数量－予算販売数量)×予算販売価格

4. 予算管理の行動的側面

　企業の目標を具体化した予算を達成するためには，予算の管理者や従業員の目標とも整合性のあるものでなければならない。予算は各階層の管理者と従業員のモチベーションにも重要な影響を与えるものである。予算編成に管理者が参加することで，管理者の職務へのコミットメントを強め，目標や予算達成へのモチベーションが向上する。このように管理者が予算編成へ参加することを参加型予算管理という。参加型予算管理の利点と問題点として以下のことが考えられる。

〈利点〉

① 仕事にやりがいを与え，管理者に責任感を持たせる。

② 自らが予算編成に参加することで，予算を自らの目標として積極的に受容する可能性が増す。

③ 管理者間や部門間のコミュニケーションを促進させ，円滑な仕事が可能となる。

〈問題点〉

① 予算編成に参加したからといって，必ずしも管理者自身の希求水準が高まるとは限らない。

② 国民性，組織文化，教育水準，地域性や個人の個性により，効果は異なるので，すべての状況において有効に働くとは限らない。

③ 真の意味での参加である必要があり，形式的な疑似参加では意味がない。

5. 予算スラックと予算ゲーム

　参加型予算において予算が決定される場合，予算業績が管理者の業績評価，とりわけ報酬の決定に用いられることが多い。このような場合，予算編成過程において管理者は収益を少なめに設定し，費用を多めに設定するよう

交渉することで目標達成を容易にしようと考える。これを**予算ゲーム**という。しかし，予算を過度にタイトにすると管理者の動機づけにはつながらないため，予算にある程度の幅を設ける必要がある。この幅のことを**予算スラック**という。予算が形骸化しない程度の，そして管理者の動機づけを損なわない程度の予算スラックの設定が必要とされる。

意思決定とアカウンティング　第5節

1. 意思決定の種類

　経営者が行う意思決定には大きく**戦略的意思決定**と**業務的意思決定**がある。戦略的意思決定は，どのような製品をどの市場に展開するかという事業内容，工場の立地，設備投資，組織編成など経営の基本構造に関する意思決定である。業務的意思決定は，既存の組織，設備を前提とした業務の中で行われる意思決定である。業務的意思決定の主なものには，追加加工の意思決定，特別注文の引受可否の意思決定，自製か購入かの意思決定などがある。設備投資の意思決定に関しては第6節で詳述する。

2. 意思決定プロセス

　経営者は企業経営を行う上で多くの意思決定を行わなければならない。意思決定とは代替案の中から最善の選択をすることを意味する。意思決定が行われるプロセスは次頁のとおりである。

```
問題の明確化
  ⇩
代替案の作成
  ⇩
複数の代替案を検討・評価
  ⇩
代替案の選択・実行
```

　まず，現在直面している問題を識別し明確にする。明確化された問題に対し，企業の外部の環境や内部の資源などを考慮に入れ，考えられる代替案を複数作成する。そして，複数の代替案について会計情報を用いた定量的分析と数値から判断できない定性的分析を行い，それぞれの代替案を評価する。この手続きを経て，最終的に経営者は代替案の中から最良の案を選択し，実行する。

3.　業務的意思決定の種類と方法

　ここでは業務的意思決定の種類と方法について主要なものを説明する。いずれの意思決定の場合も，固定費・変動費に注目する必要がある（固定費・変動費については，本章第3節を参照のこと）。

（1）　追加加工の意思決定

　製造業において，経営者はある段階までできあがった半製品として販売するか，さらに加工をして販売するのかという意思決定を必要とする場合がある。これが追加加工の意思決定である。追加加工を行うことにより付加価値の高い製品として高い価格で販売が可能となるが，追加加工に要するコストを考慮する必要がある。すなわち，追加加工の意思決定では，追加加工を行うことによる収益の増加である差額収益と追加加工に要するコストである差

額コストを比較し，差額利益を計算する。差額利益がプラスの場合，追加加工を行って販売するという意思決定がなされ，差額利益がマイナスの場合は，半製品のまま販売したほうがよい。

（2）　特別注文の引受可否の意思決定

製造業において，通常生産・販売している製品に対して，新規の顧客から特別な条件で注文が入った時に，この注文を受注するか否かの意思決定が特別注文の引受可否の意思決定である。新規に特別注文を引き受けることによって追加的に発生する収益である**差額収益**と追加的に発生する**差額コスト**を比較し，差額利益がプラスであれば，追加注文を引き受け，差額利益がマイナスの場合は追加注文を引き受けないという意思決定をする。なお，特別条件をよく勘案し，現状の製造設備の生産能力で製造可能かどうかも検討する必要がある。

（3）　自製か購入かの意思決定

製造業において，部品を外部の業者から購入するか，自社で製造すればよいのかに関しての意思決定が自製か購入かの意思決定である。企業の設備の生産能力を考慮し，部品の自製が可能な場合，自製した場合のコストと外部から購入した場合のコストを比較し，安くすむほうに意思決定する。

設備投資計画　第6節

設備投資計画とは，設備に対する資本支出の計画であり，個々の投資プロジェクトごとの投資損益を計算する個別計画である。第3節で説明した**長期利益計画**の一部であり，**資本予算**である。戦略的意思決定の代表的なものである設備投資は投資額が大きく，その影響が長期にわたるため，慎重に検討

しなければならない。

1. 設備投資の分類

　設備投資は経済的効果の発現方法により，拡張投資・新製品投資，取替投資，戦略投資に分類できる。また，投資間の相互依存関係により，ある投資案の採択が別の選択案の採否にまったく影響を与えない独立的投資，相互に影響しあう従属投資に分類できる。さらに従属投資は他の投資案との補完によって経済的効果を高める補完的投資，他の投資案を採用してはじめて採用可能となる純補完的投資，他の投資案の採用によりその投資案の経済的効果を弱める代替的投資，ある投資案が採用されれば別の投資案が不採用となる相互排他的投資に分類できる。

2. 設備投資の経済性計算

　設備投資の経済性計算には貨幣の時間価値を考慮しないものとして，投資回収期間法，原価比較法，利益比較法，投資利益差額比較法，投資利益率法などがある。また，貨幣の時間価値を考慮するものとして，現在価値法，内部利益率法がある。貨幣の時間価値とは，時間の経過により，貨幣の経済価値が増加することをいう。例えば，現在の 10,000 円を 1 年間銀行に 3% の利率で預金をすれば，1 年後には 10,300 円になる。すなわち，現在の 10,000 円と 1 年後の 10,300 円が同じ価値になる。1 年後の 10,000 円を現在価値に換算することを割引計算という。公式は以下のとおりである（i は利子率，n は割引期間の年数，S_n は n 年後のキャッシュを表す）。

$$現在価値 = s_n \times \frac{1}{(1+i)} n$$

① 投資回収期間法（payback method）

　投資回収期間法とは，投資額が回収される期間が短い投資案が好ましいと

考える方法である。これは，収益性よりも財務流動性や安全性に重点をおい
た計算方法である。

②　原価比較法

原価比較法とは，投下資本の取得原価のみを比較して，取得原価の安い投
資案が好ましいと考える方法である。また，年額原価法とも呼ばれる。

③　利益比較法

利益比較法とは，利益を比較して，利益の大きい投資案が好ましいと考え
る方法である。

④　投資利益差額比較法

投資利益差額比較法とは，投資収入額から投資額を控除した投資利益額を
比較する方法である。

⑤　資本利益率法（投資利益率法）

資本利益率法とは，投下資本額とその結果である税引後純利益とを比較す
る方法である。資本利益率法には，単純資本利益率法と平均資本利益率法と
がある。

⑥　現在価値法（NPV : Net Present Value method）

現在価値法とは，投資額と投資による収入額の現在価値とを比較して，前
者が後者より多額の場合には，この投資案は採用すべきでないと判断し，反
対の場合には，採用すべきであると判断する方法である。

⑦　内部利益率法または内部収益率法（IRR : Internal Rate of Return method）

内部利益率法とは，投資額と投資による将来の収入額の現在価値とが等し
くなるような割引率を求める方法である。内部利益率が資本コスト率を上回
れば有利な投資と考え採用し，資本コスト率を下回れば不利な投資として棄
却される。

責任会計と業績評価　第７節

　企業は当初計画したとおりに経営が行われたのかチェックし，評価する必要がある。PDCA サイクルのチェックの部分，つまり当初の計画に対し，実際はどうであったのか，計画と実績に差が生じれば，その差の原因を追究する。そして，翌年の計画へとフィードバックさせなければならない。これが**業績評価**である。業績評価の方法は組織形態のあり方と大きく関連する。組織形態が異なれば管理の方法も異なり，業績評価の方法も当然異なるのである。また，業績評価の方法に問題があると組織内の人間のモチベーションを低下させ，効率が悪化し，企業全体の収益にも大きく影響する。

1.　組織の形態

　企業の組織形態には様々あるが，主に職能別組織，事業部制組織，マトリックス組織，カンパニー制などがある。

　職能別組織(functional structure)とは，研究開発，調達，製造，営業，財務，人事，経理というように，企業内部での職能(機能)別に部門を設けている組織である。研究開発，調達，製造，営業といった経営活動に直接関わる部門を**ライン部門**といい，財務，人事，経理などの経営活動を補助的に支える部門を**スタッフ部門**という。主に中小企業や単一事業型の大企業で採用されている。

　事業部制組織(divisionalized organization)とは，第１次的に製品分野別，市場別，顧客別，地域別に分類し，それぞれの事業部門が，特定の事業の研究開発，製造，販売などに関する権限と責任を持った**分権的組織**である。

　マトリックス組織とは，縦と横の２つの権限・責任によって，格子状の分業関係を形成する組織である。縦軸，横軸には職能別，製品別，地域別など

が用いられる。

　カンパニー制とは事業部制より大きな責任と権限を持ち，事業部を1つの
カンパニーとみなす組織である。

2.　責 任 会 計

　責任会計とは，目標に対して責任を負っている組織を明確にし，それぞれ
の組織に目標と業績評価尺度を設定することで会計上の責任を結びつけ，責
任者の業績を測定・評価するためのアカウンティングである。責任会計には
コスト(原価)センター，プロフィット(利益)センター，インベストメント
(投資)センターの3つの責任センターがある。

　コストセンターとは，収益は集計されずコストだけが集計され，自己の管
理下にある部門で発生したコストについてのみ責任を負う部門である。プロ
フィットセンターとは，コスト責任だけでなく，収益の責任をも対象に含め
られ，収益からコストを差し引いた利益について責任を負う部門である。イ
ンベストメントセンターとは，収益とコストに加え，投資額にも責任を負う
部門である。すなわち，製品事業部のように投下資本をいかに効率よく運用
しているかについて責任を負う。通常，投資利益率(ROI：Return On Invest-
ment)が指標として使われる。

3.　業績評価の尺度

　業績評価の基準には業績評価の対象によって様々であるが，主な財務的指
標として ROI，残余利益，経済的付加価値(EVA：Economic Value Added)など
がある。

　ROI は資本が効率よく使われているかどうかを比率(収益性)であらわした
ものである。

$$\text{ROI} = \frac{\text{利益}}{\text{投資}} \times 100 \ (\%)$$

残余利益＝管理可能利益－資本コスト

　　　　＝管理可能利益－(希望利益率×投下資本)

ここで，管理可能利益とは利子控除前利益である。また，資本コストとは企業を運営していくために資本を使うことから生じるコストである。加重平均コスト(WACC：Weighted Average Cost of Capital)が使われることが多い。

EVA とは残余利益ないし営業利益から資本の利用に対する費用(例えば，支払利息，配当金等)を差し引いたものである。

EVA＝税引後営業利益－資本コスト

4. 社内金利制度，社内振替価格，社内資本金制度

部門別業績評価のための仕組みとして，社内金利制度，社内振替価格，社内資本金制度などが重要である。

社内金利制度とは，各事業の資金の使用料に応じて金利を負担させる制度である。

社内振替価格(transfer pricing)とは，社内の事業部門間で行われる製品や商品の取引価格のことである。振替価格には設定基準別に市価基準の振替価格(market-based transfer price)，原価基準の振替価格(transfer at price)，交渉による振替価格(negotiated transfer price)の 3 つがある。市場価格基準は競争的な外部市場がある場合に，同一製品の実際価格，類似製品の実際価格または類似製品の平均価格により求める。原価基準は，市場価格が存在しなかったり，入手困難である場合に採用される。交渉による振替価格は，事業部同士が市場価格や原価を参考に交渉して決定する。

社内資本金制度とは，本社が各事業部に資本金を配賦し，損益計算書だけでなく貸借対照表にも責任を持たせるようにする制度である。また，本社は事業部に対して社内金利，本社への配当金および税金支払後の利益の留保を認める。

原 価 企 画　　第 **8** 節

　原価企画は，トヨタ自動車が独自に開発した製品の企画・開発・設計・製造，販売という一連の活動の源流部分，すなわち企画・設計の段階において原価を作り込む活動である。日本会計研究学会〔1996〕によると，原価企画とは製品の企画・開発にあたって，顧客ニーズに適合する品質・価格・信頼性・納期等の目標を設定し，上流から下流に及ぶすべてのプロセスでそれらの目標の同時的な達成を図る，総合的利益管理活動であると定義されている。これまでのように製品ライフサイクルが比較的長い場合には，製造現場における原価低減活動が主流であったが，ライフサイクルが短くなった近年では製造現場での**原価低減活動**だけでなく，製品開発段階で原価を作りこむ原価企画が行われるようになった。これは，製品開発の初期段階において製品の機能や使用材料，構造や生産工法などにより製品原価の 80%～90% が決定されるという考え方に基づいている。

　原価企画では，価格は市場で決まることを前提として，目標原価の設定を以下のように行う。

　　　　目標原価＝市場価格－目標利益

　これは，従来の**製造原価に目標利益**を加えた価格設定の方法とは異なり，必要な利益を獲得するために，**製造原価**をどれだけ抑えなければならないかを示している。また，原価企画は単なるアカウンティングのツールだけではなく，原価削減の手段として**価値工学**(VE：Value Engineering)などを用いている点にも特徴がある。VE とは製品やサービスが有している機能に着目し，機能の水準と原価との関係を分析し，必要な機能を最低の原価で獲得しようという工学的なプロセスである。上述の**目標利益**を獲得するために，製品開発段階において VE を駆使して，**目標原価**を達成しようとするのである。

バランスト・スコアカード

　これまで，企業の戦略遂行の状況を計る手段，業績評価の手段としては ROI などの財務指標のみが中心であったが，近年では財務指標だけでなく非財務指標が重要になっている。これは，近年の情報技術の発達や企業のグローバル化などにより，企業の競争優位の源泉がこれまでの有形資産から，組織や個人の持つ知識やノウハウといった無形資産へと変化しているからである。そこで 1990 年代前半にキャプランとノート(R. S. Kaplan and David P. Norton)によって，従来の財務的尺度中心の業績評価システムに，非財務的尺度をバランスよく取り入れたバランスト・スコアカード(BSC：Balanced Scorecard)が提唱されたのである。

　バランスト・スコアカードは財務，顧客，業務プロセス，学習と成長という4つの視点から構成されている。

　① 　財務の視点

　財務の視点とは，財務的に成功するために，株主価値を高めるにはどのような行動をすればよいかという視点である。具体的な指標としては，ROI，株主資本利益率(ROE：Return On Equity)，EVA などがある。

　② 　顧客の視点

　顧客の視点とは，ビジョンを達成するために，顧客に対してどのような行動をとるべきかという視点である。具体的な指標としては，顧客満足度，返品率，リピート率などがある。

　③ 　業務プロセスの視点

　業務プロセスの視点とは，顧客の満足を得て財務的な目標を達成するために，社内のどの業務プロセスをどのように改善するかという視点である。具体的な指標としては，品質改善度，サイクル・タイム，仕損じ率などがある。

④　学習と成長の視点

　学習と成長の視点とは，企業のビジョンや戦略を実現するための行動，人材に関する視点である。社員の学習，成長に関わる成果を評価するのである。具体的な指標としては，資格取得率，社員満足度，社内改革提案数，社員定着率などがある。

　ここで重要なのは，これら4つの指標が財務と非財務，要因と成果，外部と内部という3つの点でバランスよく設定されなければならいということである。また，4つの視点には因果関係があることもバランスト・スコアカードの特徴である。例えば，顧客の視点で顧客満足度を高めるためには，従業員を教育し訓練するなど学習と成長の視点と関連し，また顧客の要望に迅速に対応しようとすると，作業能率の向上など社内の業務プロセスの視点と関連する。そして，最終的に売上の増加や高い利益率など財務の視点と関連する。

　本節ではバランスト・スコアカードの概略を説明したが，バランスト・スコアカードは単なる業績評価システムではなく，戦略的なマネジメント・システムである。

〔演 習 問 題〕

1.　利益計画とは何か説明しなさい。
2.　予算の種類と特徴について説明しなさい。
3.　事業部制の特徴について説明しなさい。
4.　設備投資の経済性計算の方法を列挙し，説明しなさい。
5.　原価企画とバランスト・スコアカードについて簡潔に説明しなさい。

(参考文献)

浅田孝幸・頼誠・鈴木研一・中川優・佐々木育子〔2005〕『新版管理会計・入門』有斐閣アルマ。

上埜進〔2000〕『管理会計―価値創出をめざして―』税務経理協会。

岡野浩〔2002〕『日本的管理会計の展開(第2版)』中央経済社。

岡野浩〔2003〕『グローバル戦略会計―製品開発コストマネジメントの国際比較―』

116

　　有斐閣。

岡本清，廣本敏郎，尾畑裕，挽文子〔2008〕『管理会計（第2版）』中央経済社。

加登豊〔1999〕『管理会計入門』日本経済新聞社。

小菅正伸〔1997〕『行動的予算管理論（増補第2版）』中央経済社。

櫻井通晴〔2009〕『管理会計（第4版）』同文舘出版。

日本会計研究学会〔1996〕『原価企画研究の課題』森山書店。

藤井則彦〔2005〕『エッセンシャルアカウンティング』同文舘出版。

藤井則彦〔2010〕『財務管理と会計―基礎と応用―（第4版）』中央経済社。

藤井則彦・山地範明〔2009〕『ベーシック・アカウンティング（改訂版）』同文舘出版。

宮本寛爾〔2003〕『グローバル企業の管理会計』中央経済社。

American Accounting Association〔1966〕*A Statement of Basic Accounting Theory*, American Accounting Association（飯野利夫訳〔1969〕『基礎的会計理論』国元書房）.

Kaplan, R. S., and D. P. Norton〔1996〕*The Balanced Scorecard : Translating Strategy into Action*, Harvard Business School Press（吉川武男訳〔1997〕『バランス・スコアカード―新しい経営指標による企業変革―』生産性出版）.

第6章

○ ○

原 価 会 計

　　原価会計は原価計算とほぼ同義語である。原価計算の概念を広義で捉えると，原価計算とは企業の経済活動を計画し測定し統制するためのすべての技法，手続きとして捉えることができる。よって，原価計算は管理会計にとって必要不可欠なツールであるといえる。

原価計算の必要性と目的

原価計算の目的は，財務会計目的と管理会計目的に大別できる。財務会計目的とは，企業外部の利害関係者に有用な情報を提供するために，**財務諸表**を作成するのに必要な情報を提供するものである。管理会計目的とは，企業内部の経営管理者が経営管理(計画と統制)に有用な情報を提供するためのものである。なお，原価計算の目的は時代の変化や，企業をとりまく外部環境，内部環境により変化するとの認識が必要である。

わが国では，1962(昭和 37)年に大蔵省企業会計審議会が「**原価計算基準**」を公表した。この「原価計算基準」では原価計算の主たる目的として次の 5 つをあげている。

① 企業の出資者，債権者，経営者等のために，過去の一定期間における損益ならびに期末における財政状態を財務諸表に表示するために必要な真実の原価を集計すること(財務諸表作成目的)。

② 価格計算に必要な原価資料を提供すること(価格計算目的)。

③ 経営管理者の各階層に対して，**原価管理**に必要な原価資料を提供すること。ここに原価管理とは，原価の標準を設定してこれを指示し，原価の実際の発生額を計算記録し，これを標準と比較して，その差異の原因を分析し，これに関する資料を経営管理者に報告し，原価能率を増進する措置を講ずることをいう(原価管理目的)。

④ 予算の編成ならびに予算統制のために必要な原価資料を提供すること。ここに予算とは，予算期間における企業の各業務分野の具体的な計画を貨幣的に表示し，これを総合編成したものをいい，予算期間における企業の利益目標を指示し，各業務分野の諸活動を調整し，企業全般にわたる総合的管理の要具となるものである。予算は，業務執行に関する総合的な期間計画であるが，**予算編成**の過程は，例えば製品組合せの決

定，部品を自製するか外注するかの決定等個々の選択的事項に関する意
思決定を含むことは，いうまでもない(予算統制目的)。

⑤　経営の基本計画を設定するに当たり，これに必要な原価情報を提供す
ること。ここに基本計画とは，経済の動態的変化に適応して，経営の給
付目的たる製品，経営立地，生産設備等経営構造に関する基本的事項に
ついて，経営意思を決定し，経営構造を合理的に組成することをいい，
随時的に行なわれる決定である(経営基本計画目的)。

前記の①は財務会計目的であるが，②〜⑤は管理会計目的といえる。この
ことからも原価計算は管理会計には不可欠なツールである。

原価の概念　第2節

「異なる目的には異なる原価を」という言葉のとおり，計算目的によって
原価に算入される項目は変化する。まず原価計算制度としての原価(狭義の
原価計算)と特殊原価調査で取り扱う原価(広義の原価計算)について説明す
る。原価計算制度としての原価は原価計算基準によって規定されている。特
に原価計算に際し利用する基礎データは，複式簿記をベースにして記録され
たものであることが求められている。特殊原価調査は，企業が必要に応じて
必要な計算を行うものであり，制度的な制約は受けないのである。

原価計算基準においては原価の一般概念を次のように定義している。「原
価とは経営における一定の給付にかかわらせて把握された財貨又は用役の消
費を，貨幣価値的に表したものである。」すなわち，「ある製品を製造するの
にかかった原価(お金)」であると理解できる。さらに「原価計算基準」では
次の4つの要件を満たすことを求めている。

①　原価は，経済価値の消費である。

②　原価は，経営目的に関連したものである。

③　原価は，経営において作り出された一定の給付に転嫁される価値である。

④　原価は，正常なものである。

これらの要件を満たすものを原価項目とし，満たさないものを非原価項目として規定している。非原価項目として次の4つをあげている。

①　経営目的に関連しない価値の減少。例えば投資資産，寄付金などである。

②　異常な状態を原因とする価値の減少。例えば，火災や風水害の損失などである。

③　税法上特に認められている損金算入項目。例えば，減価償却費に関して，租税特別措置法による通常の償却範囲を超える額などである。

④　その他の利益剰余金に課する項目。例えば，法人税や住民税，配当金などである。

　ここで，図表6-1のように，原価計算上の原価と損益計算上の費用の相違点を確認する。営業外費用や臨時損失など費用ではあるが，原価ではないものを中性費用という。また，自己資本利子など原価ではあるが，費用ではないものを付加原価という。

図表6-1　原価と費用

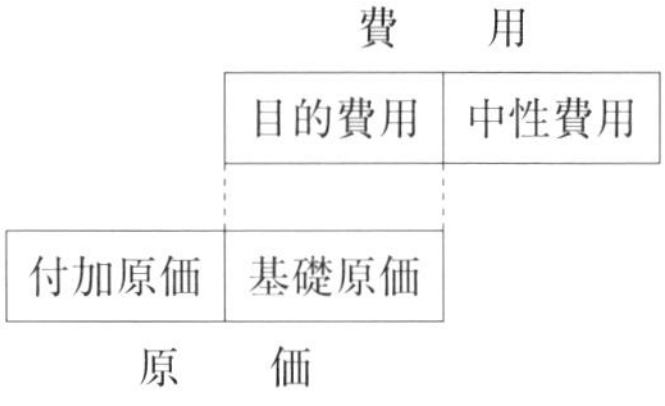

費　　用

	目的費用	中性費用
付加原価	基礎原価	

原　　価

原価の分類

　原価(コスト)はその発生主体によって，社会コストと企業コストに大別できる。社会コストは，経済活動の主体たる企業以外のいわゆる共同社会が負担しなければならないコストである。企業コストは通常，経済社会の主体たる企業の活動において，目的思考的に犠牲にされる価値の相対をいう。企業コストはさらに，制度原価と意思決定原価に分けられる。ここでは企業コストに焦点をあて，目的に応じていくつかの方法で分類する。

1. 経営の活動領域別の分類

　経営の活動領域別では製造原価と販売費，一般管理費に分類できる。
　製造原価とは，製品を製造するために要する原価である。**販売費**とは，製品を販売するために要する原価である。**一般管理費**とは，一般管理業務に要する原価である。なお，販売費と一般管理費はまとめて「販売費および一般管理費」と表現されることが一般的である。

2. 形態別分類

　形態別分類では，製造原価を材料費，労務費，経費に分類できる。
　材料費(原料費，買入部品費など)とは，原材料の消費により発生する原価である。**労務費**(賃金，給料，従業員賞与手当など)とは，労働力の消費により発生する原価である。**経費**(減価償却費，棚卸減耗費，旅費交通費など)とは，材料費，労務費以外の資源を消費することで発生する原価である。

3. 製品との関連による分類

製品との関連による分類では直接費と間接費に分類できる。

直接費(直接材料費，直接労務費，直接経費)とは，特定種類の製品に跡付け可能な原価である。**間接費**(間接材料費，間接労務費，間接経費)とは，特定製品に直接跡付けることが困難な原価である。また，直接費を特定の製品に集計することを**賦課**といい，間接費を特定の製品に割り当てることを**配賦**という。

4. 操業度との関連による分類

操業度との関連による分類では変動費，固定費，準変動費，準固定費に分類できる。

変動費とは，直接材料費や出来高払い賃金など操業度が変化すればそれに比例して増減する費用である。**固定費**とは，減価償却費や保険料など操業度とは関係なく一定額発生する費用である。**準変動費**とは，電話代や電力料など操業度がゼロであっても一定額発生し，さらに操業度の増減に比例して発生する費用である。**準固定費**とは，監督者給料など，一定の操業度ごとに段階的に発生する費用である。

5. 意思決定との関連による分類

意思決定との関連では，関連原価，無関連原価，増分原価，機会原価，埋没原価などに分類できる。

関連原価とは意思決定と関連がある原価である。**無関連原価**とは意思決定と無関係な原価である。**増分原価**とは関連原価の代表的な原価で，いくつかの行動案の中で1つを選択した時に発生する原価の増分である。**機会原価**(opportunity cost)とは関連原価の重要な原価で，いくつかの代替的行動案の

中から１つを選択した時，断念された他の代替的用途から得られただろうは
ずの利益のこと，すなわち，他を選択しなかったために失われた利益のこと
である。埋没原価(sunk cost)とは，いずれの代替案を選択しても変わらない
原価である。

6.　管理可能性による分類

　管理可能性の如何で管理可能原価と管理不能原価に分類できる。

　管理可能原価は各部門の管理者がその原価の発生について管理できる原価
で，管理不能原価は，各部門の管理者がその原価の発生について管理できな
い原価である。この分類は経営管理者の階層を基礎とした分類である。例え
ば下層管理者にとって管理不能原価であっても，上層管理者にとっては管理
可能原価となることがある。

　図表6-2は上記1．2．3．をまとめたものである。直接材料費，直接労務
費，直接経費からなる製造直接費と間接材料費，間接労務費，間接経費から
なる製造間接費を合わせたものが，製造原価である。これに販売費と一般管
理費を加えたものが総原価である。総原価に利益を加えたものが価格となる

図表 6-2　原価の構成

			営業利益	
		販　売　費	総　原　価	製品販売価格
		一般管理費		
	間接材料費	製造原価		
	間接労務費			
	間　接　経　費			
直接材料費	製造直接費			
直接労務費				
直　接　経　費				

のである。

原価計算の手続き 第**4**節

　原価計算は図表6-3のように費目別計算，部門別計算，製品別計算の3段階から構成されている。費目別計算は実際に発生した費用を材料費，労務費，経費などの費目別に集計し，それらを直接費と間接費に分類する。部門別計算は費目別に集計した費用を発生部門別に分類・集計する。製品別計算は，部門別費用を製品ごとに分類・集計する。これを生産数量で割れば製品1個当たりの原価が求められる。

図表6-3　原価計算の手続過程

費目別計算　⇒　部門別計算　⇒　製品別計算

原価計算の種類 第**5**節

1.　個別原価計算と総合原価計算

　原価計算の計算手続は，前節で述べたように3つの段階から構成されている。このうち3つ目の製品別計算は，それが適用される生産形態の違いによって個別原価計算(job order costing)と総合原価計算(process costing)に分けることができる。

　個別原価計算は，顧客からの注文に応じて製品の生産を行う受注生産方式の企業に適用される原価計算である。個別原価計算では，当該製品別に原価

を計算するので，期末時点では完成しているか仕掛中かのどちらかになる。
したがって，仕掛品の評価に関する問題が生じない。個別原価計算が適する
業種は造船業，機械装置産業，建設業などである。

　総合原価計算は連続生産などの生産方式に適用されるもので，一定期間の
原価を集計して，その期間の製品が製品1単位当たりいくらでできたかを計
算するものである。また，総合原価計算は生産する製品の特徴により，単純
総合原価計算，等級別総合原価計算，組別総合原価計算に分けられる。総合
原価計算を採用している業種としては，市場生産方式(見込生産)を採用して
いる自動車産業，セメント製造業，電気機器産業などがある。

2. 実際原価計算と標準原価計算

　原価計算は製品原価を計算する際に原価要素の消費額を実際原価で計算す
るのか，標準原価で計算するのかによって，実際原価計算と標準原価計算に
分けられる。実際原価計算は，実際に発生した原価額に実際消費量を乗じて
製品原価を計算する方法である。標準原価計算は，あらかじめ目標とすべき
原価標準を設定し，実際原価と比較して原価差異の把握と分析を行い，原価
管理を目的とするものである。

§1 標準原価計算の手続

　標準原価計算の手続として，まず原価標準の設定を行い，標準原価を計算
し，他方，実際原価を計算する。そして，標準原価と実際原価を比較し，標
準原価差異を計算する。最後に標準原価差異が生じた原因を分析し，経営管
理者に報告する。原価標準とは製品1単位当たりの製造に必要な原価であ
る。これに対し，標準原価とは，原価標準に実際生産量を乗じて計算された
値である。

§2　標準原価の分類

　標準原価は改訂頻度の観点から，基準標準原価(basic standard cost)と当座標準原価(current standard cost)に分けることができる。前者は長期間にわたって固定され，経営活動の効率を測定する標準原価である。後者は操業度の変化や作業方法の変更などにより，実情に合うように短期的(通常は会計年度ごと)に改訂される標準原価である。

　原価計算基準では達成されるべき原価の目標としてのタイトネスの違いから標準原価を4つに分類している。理想標準原価(ideal standard cost)は，理想的水準における標準原価であり，現実的には達成が不可能である。現実的標準原価(expected actual standard cost)は良好な能率のもとで達成可能な標準原価である。通常発生する仕損などを標準設定時に考慮している。正常標準原価(normal standard cost)は，経営における異常な状態を排除し，経営活動に関する比較的長期にわたる過去の実際数値を統計的に平準化し，これに将来の趨勢を加味して計算された原価である。経済的安定期に有効である。予定原価は，将来における財貨の予定消費量と予定価格とをもって計算した原価である。しかし，理論上は標準原価ではない。

§3　標準原価の設定

① 　標準直接材料費の設定

　　標準直接材料費＝製品単位当たりの標準消費量×標準価格

② 　標準直接労務費の設定

　　標準直接労務費＝製品単位当たりの標準時間×標準賃率

③ 　標準製造間接費の設定

　　標準製造間接費＝製品単位当たりの配賦基準値×標準配賦率

これら①～③から

標準製品原価＝標準直接材料費＋標準直接労務費＋標準製造間接費配賦額

が求められる。

§4　標準原価計算の原価差異分析

標準原価計算制度において生じる主要な原価差異は，以下のとおりである。

① 　**材料受入価格差異**

　　材料受入価格差異＝（標準受入価格−実際受入価格）×実際受入数量

② 　**直接材料費差異**（direct material variance）

　　価格差異（material price variance）＝（標準消費価格−実際消費価格）×実際消費数量

この場合の原因としては，標準価格の設定ミスや，購買条件の変更などが考えられる。

　　消費数量差異（material quantity variance）＝（標準消費数量−実際消費数量）×標準消費価格

この場合の原因としては，製品の仕様の変更，製造工程の変更，仕損，材料の盗難，無駄などが考えられる。

③ 　**直接労務費差異**（direct labor variance）

　　賃率差異（labor rate variance）＝（標準賃率−実際賃率）×実際直接作業時間

この場合の原因としては，賃金水準の変動，予定外の工員の使用などが考えられる。

　　作業時間差異（labor usage variance）＝（標準直接作業時間−実際直接作業時間）×標準賃率

この場合の原因としては作業員の作業能率の変化，機械装置の故障などが考えられる。

④ 　**製造間接費差異**（factory overhead variance）

　　予算差異（overhead spending variance）＝予算許容額−実際発生額

この場合の原因としては，予定価格の見積ミス，間接材料費の価格変動，燃料費の変動などが考えられる。

　　操業度差異（volume variance）＝（実際操業度−基準操業度）×固定比率

この場合の原因としては，販売不振，災害，ストライキなどが考えられ

る。

　　　能率差異(efficiency variance) = (標準操業度 − 実際操業度) × 標準配賦率

　この場合の原因としては，作業員の作業能率の変化などが考えられる。

　上記の製造間接費差異を３分法と言う。以下に示すように能率差異を変動費の能率差異と固定費の能率差異に分析することもある。これを四分法という。

　　　変動費能率差異 = (標準操業度 − 実際操業度) × 変動比率

　　　固定費能率差異 = (標準操業度 − 実際操業度) × 固定比率

　なお，標準原価計算による原価差異は「原価計算基準」によれば，以下のように処理される。

　▶正常な原因で生ずる原価差異はこれを売上原価に加減する。

　▶多額の原価差異は，売上原価および棚卸資産に配賦する。

　▶異常な原因による原価差異は非原価項目として処理する。

3.　全部原価計算と部分原価計算(直接原価計算)

　全部原価計算(full costing)とは，すべての製造原価要素を製造直接費および製造間接費に分類・集計し，製造直接費を製品に直接的に集計し，製造間接費を適当な基準によって各製品に配賦して製品原価として算定する方法である。

　部分原価計算(partial costing)とは，製造原価の一部だけを集計して製品原価を算定する方法である。その典型として直接原価計算(direct costing)がある。直接原価計算とは原価を生産・販売量の変動に伴って変化する変動費(直接原価)と生産・販売量が変動しても変化しない固定費(期間原価)に分解し，売上高から変動費(直接原価)を差し引いた限界利益を計算し，そこから固定費(期間原価)を差し引いて営業利益を計算する方法である。直接原価計算のもとでの営業利益は，常に売上収益と比例して変動するので，短期利益計画にとって有用である。ただし，直接原価計算は経営管理においては有効

であるが，財務会計上の制度会計としては適用されない。

戦略的コストマネジメント　第6節

伝統的な原価管理では製造領域を中心とした内部効率性を主としていたのに対し，戦略的コストマネジメントでは，原材料の供給者から製品の消費者に到るまでの全体的な価値創造連鎖の中で原価低減や価値創造に焦点をあてる。これはシャンクとゴヴィンダラジャン(John K. Shank and Vijay Govindara-jan)が提唱したもので，彼らによると，戦略的コストマネジメントでは競争優位性を高める，よりよい戦略を立案するためにコストデータを利用するのである。また，戦略的コストマネジメントは戦略論で扱われる①価値連鎖分析，②戦略的ポジショニング分析，③コストドライバー分析という3つの要素から生まれたものである。価値連鎖とは，図表6-4のように原材料や素材から最終消費者が手にする製品までの間で行われる顧客価値を創出する価値

図表6-4　価 値 連 鎖

出典：Porter〔1985〕p. 37 から作成。

活動の集合を意味する。主たる活動には購買物流，製造，出荷物流，マーケティング，販売，アフターサービスがあげられ，支援活動として，人的資源管理，技術開発，調達などがあげられる。マージンとは，総価値と価値活動の総コストの差である。

戦略的ポジショニング分析では，戦略が異なれば異なったコスト管理を必要とする。企業がどのような競争を選ぶか，すなわち，コストリーダーシップで競争するのか，製品差別化で競争するのかで，異なった管理方法やコスト分析が必要になる。

コストドライバー分析では，これまでの構成的コストドライバーだけでなく，執行的コストドライバーも含めてコストの発生原因を分析する。コストドライバーとは原価発生要因のことで，コストは複数の要素の複雑な相互関係から発生すると考える。構成的コストドライバーとは，企業規模，範囲，経験，技術，複雑度などである。これに対し，執行的コストドライバーは現場の人の参加や，総合品質管理，稼働率，工場レイアウトと効率，製品構造などをいう。

戦略的コストマネジメントの具体的手法としては，活動基準原価計算（ABC：Activity Based Costing）や原価企画（第5章第8節），ライフサイクルコスティング，品質原価計算（本章第9節）などがある。

活動基準原価計算（ABC）　第7節

ジョンソンとキャプラン（H. T. Johnson and R. S. Kaplan）は *Relevance Lost* (1987)において当時のアメリカ産業の競争力が低下している原因は，管理会計が経営管理者に有用な情報を提供できていないからだと指摘した。その理由の1つが，原価計算における間接費の配賦の問題であった。すなわち，現在の製造環境において伝統的な原価計算システムでは，間接費の配賦が適切

に行われていないというのである。伝統的な**原価計算**では少品種大量生産を前提としていた。しかし，1980年代以降，顧客ニーズの多様化による顧客満足度の追求，グローバル競争の激化，技術革新による製品ライフサイクルの短縮などにより，多品種小ロット生産へと変化した。製造現場(工場)においては，オートメーション化の進展により，生産ラインは人間中心から機械中心へと移行した。これにより，**直接労務費**が減少し，多品種生産に対応するため，段取り，企画・設計，在庫管理，機械の保守など生産を支援するための活動が増加し，**間接費**が増加したのである。しかし，伝統的な**原価計算**では，生産・販売量の増加に比例して増加する直接作業時間や直接労務費などを配賦基準にして製造間接費を**配賦**していた。よって，多品種少量生産品に対し少ない間接費しか配賦がなされなかったり，逆に大量生産品に本来負担すべきではない余分な間接費が配賦されるということが生じる。このように間接費の適切な配賦が行われないと，正確な製品原価情報が得られず，実際は利益がでている製品に対し，利益が出ていないと認識されるなど，正確な製品別収益性分析が行えず経営を誤らせることになる。そこで，この多品種少量生産が主流を成してきた状況のもと，キャプランとクーパー(R. S. Kaplan and Robin Cooper)によって1980年代後半に**ABC**(Activity Based Costing)が提唱された。

　ABCとは，まず資源(間接費)を発生要因(リソースドライバー)によって活動(アクティビティ)単位に集計し，活動単位に集計されたコストを，製品に消費された要因(コストドライバー)により各製品に配賦して行う**原価計算**である。伝統的な原価計算では費目別，部門別，製品別と3段階で計算されるが，ABCでは上述のように2段階で計算される。また，ABCによれば，正確な製品原価を求めることができることは上述したが，それだけでなく，各製品の活動ごとのコスト構成が判るため，コストダウンへの活用，**業績評価**への活用，顧客収益性分析などにも活用される。ABCで行う活動分析は**活動基準管理**(ABM: Activity Based Management)，さらには予算へも応用した**活動基準予算**(ABB: Activity Based Budgeting)へと展開されている。

ライフサイクルコスティング 第**8**節

　戦略的コストマネジメントの代表的なものとしてライフサイクルコスティングがある。企業においてはこれまで，製造現場におけるコストダウンを中心に様々な管理会計手法が使われてきた。しかし，競争の激化など企業は環境の変化に対応すべく，製造現場だけでなく，製品の企画開発から廃棄処分に至るまでのライフサイクル全体のコスト管理を行う必要がある。また消費者の立場からも，購入コストだけでなく，使用維持コストを含めたランニングコストが重視される。

　ライフサイクルコストとは，製品の企画開発から廃棄処分に至るまでのすべてのコストであり，ライフサイクルコスティングとは，製品の企画・開発から廃棄処分に至るまでの製品のライフサイクル全体を通じて発生するコストを計算することである。製品は企画・開発⇒製造⇒運用・保全⇒廃棄の流れで一生を終える。大きく4つのフェーズの中で発生するコストは図表6-5のとおりである。製品が生まれてから廃棄されるまでには製造段階のコストだけでなく，時間の経過とともに様々なコストが発生する。コストの負担者の観点からみれば，企画・開発，製造に関しては企業が負担し，販売後に発生する使用・維持コスト，廃棄処分コストは消費者が負担する（ただし，メ

図表6-5　製品ライフサイクルとコストの関係

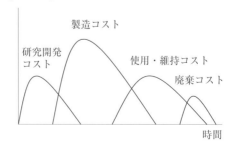

ーカー補償や，在庫管理のコストなど企業が負担するコストもある）。企業
は顧客満足を考慮すると，消費者が購入後のランニングコストをおさえる必
要があるため，使用・維持コストや廃棄コストを低減するような製品を企
画・設計する必要がある。したがって，製品のライフサイクル全体のコスト
低減が求められるのである。このため，製品のどの段階でどれだけのコスト
がかかっているのかを把握・分析を行うためにライフサイクルコスティング
が必要とされる。

品質原価計算　第9節

　企業にとって品質は競争優位を確立する上で重要であると同時に，品質の
問題が企業の存続にまで関わる重要事項である。制度的な面でも，**製造物責
任法**（PL 法）や ISO9000 など品質に関する法律や国際標準の構築など，
様々な取り組みが行われている。これまで日本企業ではアメリカから導入さ
れた QC（quality control：**品質管理**）をベースに TQC（total quality control：**全社
的品質管理**）と呼ばれる，全員参加の総合的な品質管理が行われてきた。こ
こでは，QC サークルと呼ばれる小集団を作り，現場から自主的に改善提案
を行うことにより品質改善が行われる。このような日本の TQC をベースと
してアメリカで展開されたのが TQM（total quality management）である。TQM
では，製造現場だけでなく，顧客満足度という視点から，安全品質や環境保
全品質といった顧客志向の品質が重視されている。さらに TQM では，**品質
原価計算**を導入し，品質に関わるコストを明確にし，経営者の意思決定に活
用している。

　品質原価を測定するために，品質に関連する原価は予防原価，評価原価，
内部失敗原価，外部失敗原価という４つに分類される。これを予防―評価―
失敗アプローチ（PAF アプローチ）という。予防原価とは，品質の問題を引

き起こさないよう予防するためのコストである。例えば，従業員教育や，製品設計の改善，製造工程の改善のためのコストがあげられる。評価原価とは，品質仕様に合致した製品の提供を補償し，品質レベルを維持するためのコストである。例えば，受入材料検査費や出荷前の再検査のためのコストがあげられる。内部失敗原価とは製品やサービスを顧客に提供する前に発生するコストで，品質仕様に合致しない仕損や不良品のために発生するコストである。外部失敗原価とは，製品やサービスを顧客に提供した後に発生するコストで，返品や補償に関わるコストである。

予防原価と評価原価は生産前，生産過程で発生し，一定の品質レベルに合致させるためのコストであるから，品質適合コストと呼ばれ，内部失敗原価と外部失敗原価は生産後，販売後に発生し，一定の品質レベルに合致できなかったために発生するコストであるから，品質不適合コストと呼ばれる。

図表6-6のように，品質適合コストと品質不適合コストはトレードオフの関係にある。予防の段階でコストを最大限かけ，不良品をゼロにすることは品質の面では理想的であるが，予算にも限界があるためコストの面では問題がある。逆に予防の段階でコストを最小限に抑えることはコストダウンという観点からはよいが，後に品質問題が発生した場合，その対応に要するコストがかかる他，企業の評判にも影響を与え，潜在的な将来の顧客を失うこと

図表6-6　品質とコストの関係

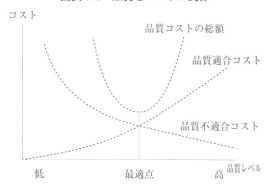

になる。このように考えると，経営者は品質適合コストと品質不適合コストのバランスを考え，**品質原価計算**による情報から，自社において最適な意思決定を行うべきである。

〔演 習 問 題〕

1. 原価計算の目的について説明しなさい。
2. 総原価について説明しなさい。
3. ABCと伝統的な原価計算の違いについて説明しなさい。

(参考文献)

上埜進・長坂悦敬・杉山善浩〔2003〕『原価計算の基礎』税務経理協会。

岡野浩〔2002〕『日本的管理会計の展開(第2版)』中央経済社。

岡本清〔2000〕『原価計算(第6訂版)』国元書房。

小菅正伸〔2000〕『基本原価会計論』中央経済社。

小林哲夫〔1993〕『現代原価計算論』中央経済社

櫻井通晴〔1976〕『経営原価計算論』中央経済社。

櫻井通晴〔1998〕『新版間接費の管理』中央経済社。

西山茂〔1998〕『戦略管理会計』ダイヤモンド社。

藤井則彦・山地範明〔2009〕『ベーシック・アカウンティング(改訂版)』同文舘出版。

藤井則彦〔2005〕『エッセンシャル・アカウンティング』同文舘出版。

藤井則彦〔2010〕『財務管理と会計—基礎と応用—(第4版)』中央経済社。

溝口一雄〔1971〕『例解原価計算(増補改訂版)』中央経済社。

宮本寛爾〔1996〕『原価計算の基礎』中央経済社。

吉田和夫・大橋昭一編著〔2006〕『基本経営学用語辞典(四訂版)』同文舘出版。

Kaplan, R. S. and Robin Cooper〔1988〕*Cost and Effect : Using Integrated Systems to Drive Profitability and Performance*, Harvard Business School Press(櫻井通晴訳〔1998〕『コスト戦略と業績管理の統合システム』ダイヤモンド社).

John K. Shank and Vijay Govindarajan〔1993〕*Strategic Cost Management : The New Tool for Competitive Advantage*, The Free Press(種本廣之訳〔1995〕『戦略的コストマネジメント　競争優位を生む経営会計システム』日本経済新聞社).

Johnson, H. T. and R. S. Kaplan〔1987〕*Relevance Lost : The Rise and Fall of Management Accounting*, Harvard Business School Press(鳥居宏史訳〔1992〕

　　『レレバンス・ロスト―管理会計の衰退―』白桃書房).

Porter, M. E.〔1985〕*Competitive Advantage : Creating and Sustatining Superior Performance, The Free Press.*

第7章

○ ○

税 務 会 計

　　税務会計は，企業が企業利益に対して課税所得および納税額を計算し，税務当局に対して申告するためのアカウンティングであって，財務会計（企業会計）をベースに税務会計独特の考え方に従って調整計算しなければならない。したがって，財務会計に関する種々の法規，基準あるいは原則（会社法・金融商品取引法・企業会計基準および企業会計原則等）はもちろんのこと，法人税法をはじめとした各種税法を理解した上で，本章では，財務会計（企業会計）と税務会計の関係・相違についての種々の問題を説明する。ただ，小書は企業会計に焦点を合わせているので，法人税を中心に説明している。

税務会計の必要性　第1節

社会保障，公共事業，文教，外交，治安維持等，国民個々ではできないことは，国家がその任にあたらざるを得ない。そのためには多くの現金支出（これを歳出という）が必要であるから，国家はその支出をまかなうための現金収入（これを歳入という）として，国民より税金を徴収せざるをえない。したがって，憲法で国民は税金を納めるという納税義務を定めている。この税金を公平に負担させるため所得を正しく計算する必要がある。ここに，税務会計が必要となる（税制の原則は，公平・中立・簡素であるが，昨今，わが国では，公正・活力・簡素と置き換えられつつある）。

税金の種類　第2節

税金は種々の視点より分類されるが，その基本は所得・資産・消費におかれ，その上で種々の税金がある。

1. 国税と地方税という分類

国が課す税金を国税といい，国税は負担能力に応じて支払う応能税の性格をもち，それには種々の税金があるが，この点は後述する。これに対して，地方公共団体が課す税金を地方税といい，地方税は行政サービスの給付に応じて負担する応益税の性格をもち，これには道府県民税と市町村民税とがあり，これにも種々な税金があるが，この点は後述する。

2.　直接税と間接税という分類

　直接税とは，納税者と税金の負担者が同一人である税金をいい，これには種々な税金があるが，この点は後述する。これに対して，間接税とは，納税者がその税金を他の者に転嫁する税金をいい，納税者と税金の負担者が異なる。例えば，酒税は製造業者が納税するが，製造業者から卸売業者へ，そして小売業者へ，さらに消費者へと商品価格に含められて転嫁され，その結果，税金の負担者は消費者となる。この間接税にも種々の税金があるが，この点は後述する。

3.　課税段階による分類

　税金は次のような種々の段階(時点)で課せられる。財を取得した場合に課せられる収得税としての所得税や法人税，財を保有している場合に課せられる財産税としての相続税や贈与税，そして財を消費した場合に課せられる消費税(ここでは，消費税という個別の税金ではなく，広く消費にかかわる税金という意味の消費税を指している)としての消費税や酒税，そしてさらに財を移転した場合に課せられる流通税としての有価証券取引税や自動車重量税等がある。以上の分類に従って税金の種類について一覧表で示せば図表7-1のとおりである。

　なお，直接税と間接税の割合を直間比率といい，現在のわが国では，欧米諸国に比して直接税の割合が高く，議論のあるところである。例えば，直接税である法人税の実効税率については，現在，わが国は 23.2%(地方税率により若干の相違あり)である。一方，間接税の 1 つである消費税は 10% で(軽減税率は 8%)で，先進諸国の中では最も低く，EU(欧州連合)諸国では最低15%，最高は各国が自由に設定でき，2022 年時点でハンガリーの 27% が一番高いという状況である。

図表 7-1　税金の種類

	直接税		間接税	
	収得税	財産税	消費税	流通税
国税	所得税 法人税	相続税 贈与税	消費税 酒　税 たばこ税 石油ガス税 揮発油税	有価証券取引税 自動車重量税 登録免許税 印紙税
地方税	道府県民税 事業税 市町村民税	固定資産税 自動車税 都市計画税	地方消費税 道府県たばこ税 ゴルフ場利用税 市町村たばこ税	不動産取得税 自動車取得税

(注)　消費税については標準税率10%のうち，7.8%が国税，2.2%が地方
　　　消費税である。また，軽減税率8%のうち，6.24%が国税，1.76%が
　　　地方消費税である。

税法の種類と本章の取り扱う範囲

第3節

　税金は個人に対しても，法人に対しても課せられ，個人に対する主な税金
は所得税・住民税であり，また法人に対する主な税金は法人税・法人住民
税・法人事業税である。したがって，各々の税金について正しい課税額およ
び納税額を計算するために種々の税法が存在する。例えば，所得税法，法人
税法，相続税法，消費税法，固定資産税法等である。

　このように，種々の税金，税法があるが，小書はアカウンティングの中で
企業を対象とした企業会計に焦点を合わせているので，本章の税務会計につ
いても法人税に焦点を合わせて説明する。

　法人税の計算にあたっては，法律である法人税法の他に政令である法人税
法施行令，省令である法人税法施行規則，通達である法人税法基本通達があ
るから，これらについても学習する必要がある。

　また第1章で取り扱ったように，アカウンティングは**財務会計**と**管理会計**とに大別されるが，本章の税務会計はいうまでもなく**財務会計**としての内容である。なぜならば，税務会計は，納税額の正しい計算を行うことが主たる目的であるから，財務会計をベースにした**企業会計**との関係が問題となるからである。またこれまでの説明から，税法が大きく関与しているから，税務会計と表現するよりも，**税法会計**と表現した方が的を得ているかもしれない。

　しかし，法人が税金を管理するという視点，つまり，節税という視点から，「**タックス・マネジメント**」(Tax Management)あるいは「**タックス・プランニング**」(Tax Planning)を考えれば，税務会計は**管理会計**としてもとらえることができる。

法人の種類とその納税義務　第4節

　法人は，**内国法人**と**外国法人**とに分けられ，**内国法人**とは日本国内に本店または主たる事業所のある法人で，国内外から得たすべての所得に対して法人税を納める義務がある。また**外国法人**とは内国法人以外の法人をいう(法人税法第2条)。

　内国法人としては次のような法人があり，各々の納税義務が定められている(法人税法第2, 4~8, 66, 87条)。

①　**普通法人**：株式会社，合資会社，合名会社および合同会社などであり，すべての所得に対して納税義務がある。

②　**協同組合**：農業協同組合等各種協同組合，信用金庫などであり，すべての所得に対して納税義務がある。

③　**人格のない社団**：PTA，同窓会，学会など法人ではないが，代表者または管理者の定めがある団体で，収益事業についてのみ納税義務があ

る。

④ 　公益法人：学校法人，宗教法人，商工会議所などであり，収益事業についてのみ納税義務がある。

⑤ 　公共法人：日本学生支援機構，NHK，地方公共団体などであり，納税義務はない。

所得金額の計算
企業会計上の利益と税務会計上の所得の相違について
第5節

　税務会計では，企業会計と別個に取引を記録し，計算するのではなく，企業会計で計算した利益を法人税法の規定に従って調整して，所得を算出する。これを確定決算主義という。しかし，企業会計と税務会計では相違がみられる。つまり，企業会計では，総収益−総費用＝当期純利益という計算を行うのに対して，税務会計では，各事業年度の益金の金額−各事業年度の損金の金額＝各事業年度の所得の金額という計算を行うから（法人税法第22条），企業会計での収益と税務会計での益金は一致せず，また企業会計での費用と税務会計での損金は一致しないことになる。したがって，企業会計での利益と税務会計での所得金額は一致しない。このように，両者が一致しないのは，次のようなケースのためである。

① 　**益金不算入**：企業会計では収益とするが，税務会計では益金としない。受取配当金など。

② 　**益　金　算　入**：企業会計では収益としないが，税務会計では益金とする。退職給付引当金の取崩額など。

③ 　**損金不算入**：企業会計では費用とするが，税務会計では損金としない。限度額を超過した減価償却費など。

④ 　**損　金　算　入**：企業会計では費用としないが，税務会計では損金とする。租税特別措置法上の各種準備金の繰入額など。

以上の結果，課税所得は次のように算出される。

収益＋益金算入額－益金不算入額＝**益金**

費用＋損金算入額－損金不算入額＝**損金**

益金－損金＝**課税所得**

このように，収益・費用と益金・損金は一致しないが，あくまで企業会計での計算をベースに，申告書において申告調整をするにすぎず，帳簿上の調整はしない。つまり，当期純利益＋益金算入額＋損金不算入額－益金不算入額－損金算入額＝所得金額によって，課税所得を算出する。以上を一覧表で示せば図表7-2のとおりである。

図表7-2 収益・費用と益金・損金の関係

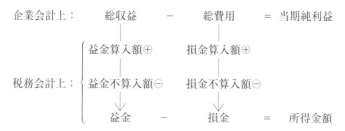

益金算入項目・益金不算入項目 第**6**節

法人税法上，益金の額に算入されるのは，法人の純資産を増加させる取引より生じる収益をいい，次のような項目をあげている。ただし，資本等取引から生じる収益は除かれている(法人税法第22条)。

① 商品・製品など資産の販売による収益

一般の売上収益については，**実現主義(引渡基準)**により益金として認識・計上する。なお，**長期請負工事収益**については，工事期間が1年以上かつ工事請負金額が10億円以上の長期大規模工事については**工事進行基準**により，

そして長期大規模工事以外の工事については，**工事進行基準と工事完成基準**のいずれかの選択適用により益金として認識・計上する(法人税法第64条)。

   ② 有償または無償による有価証券や固定資産などの資産譲渡による収益である有価証券売却益や固定資産売却益。

   ③ 有償または無償による役務の提供による収益。

   ④ 売買目的有価証券の時価法による有価証券評価益。

   ⑤ 利息などその他の収益。

   ⑥ 無償による資産の譲受けである受贈益，公正取引価額より低い価額での資産の譲受けおよび債務免除益。

   ⑦ 退職給付引当金の取崩額。この点については第7節で取り上げる。

次に，益金不算入項目については次のような項目をあげている。

   ① **受取配当金**

法人が所有している株式や出資金に対して受け取る配当金や剰余金の分配額は，企業会計では収益に計上するが，法人税法では，原則としてその50%に相当する額は益金に算入しない(法人税法第23条)。この理由は，配当金を支払った法人が，すでに法人税を課税されており，その税引後の所得から支払われた配当に再度，法人税を課税することは法人税の**二重課税**になるからである。ただし，短期保有の株式等の配当金については，全額を益金に算入する(法人税法第23条)。

以上により，益金不算入額は次のようになる。

益金不算入額

$$= (受取配当金 - 元本取得のための借入金に対する利子額) \times 0.5$$

   ② **還 付 金**

税金の過納等のために戻ってきた還付金(法人税法第26条)。

損金算入項目・損金不算入項目 第7節

　法人税法上，損金の認識については，代金等の支払義務が確定したときに損金として認識するという**債務確定主義**に基づいており，企業会計上の発生主義と重なっている部分もあるが，そうでない部分もある。そこで，次のような項目を損金算入項目としてあげている(法人税法第22条)。

① 　商品等の売上原価。

② 　有価証券や固定資産などの資産譲渡による損失である**有価証券売却損**および**固定資産売却損**。

③ 　売買目的有価証券の時価法による評価損。

④ 　商品等所有資産の評価損。

　災害による損傷あるいは棚卸資産の陳腐化等により生じた所有資産価値の減少のため，帳簿価額を減額した場合の評価損。

⑤ 　**資本的支出に該当しない**，少額の修理・改良のための修繕費。

⑥ 　繰延資産の償却費。

　繰延資産の償却については，次式により計算された限度額までの損金算入を認めている。

$$償却限度額＝繰延資産の額 \times \frac{当期の月数}{支出の効果の及ぶ期間の月数}$$

⑦ 　圧縮記帳による場合。

　国庫補助金等で固定資産を取得した場合，圧縮限度額の範囲内で帳簿価額を減額したときは，その減額した部分の金額は損金算入される(法人税法第42~45条)。

　次に，損金算入部分と損金不算入部分とが入り混じっている項目について検討する。

① 給　料

従業員に対する給与等については従来より損金算入されているが，2006（平成 18）年施行の会社法により，役員に対する給与等についても，その内容が事前に決定されているという条件で，損金算入されることになった。ただし，不当に高額の部分については損金算入されない（法人税法第 34 条）。

② 減価償却費

減価償却費については，企業会計上の損金経理に基づいて計上され，その上で，法人税法上の償却限度額に達するまでの金額は損金算入されることになるが（法人税法第 31 条），それを超過した償却超過額は損金不算入となる。また反対に，償却不足額については，将来の年度における償却限度額に持ち越される。

③ 交　際　費（租税特別措置法第 61 条の 4）

平成 26 年度の税制改正（26 年法律第 10 号）により，平成 26 年 4 月 1 日以後の事業年度から次のように改正された。

交際費等の額のうち，飲食費の特例として接待飲食費の額の 50% に相当する金額は損金に算入可能（租税特別措置法第 61 条の 4 ①）。

資本金 1 億円以下の中小法人については，上記の接待飲食費の 50% 相当額の損金算入と，定額控除限度額までの損金算入のいずれかを選択適用可能（租税特別措置法第 61 条の 4 ①②）。

定額控除限度額とは，800 万円×事業年度月数÷12 で計算した金額である（租税特別措置法第 61 条の 4 ②③）。

なお，令和 2 年度税制改正において，資本金の額等が 100 億円を超える法人は，飲食費の特例の適用対象外となり，全額が損金に参入されない。

④ 寄　付　金

法人税法上の寄付金とは，法人が行った金銭その他の資産の贈与または経済的利益の無償の供与（例えば，無償で固定資産を貸し付けたり，無利息で金銭等を貸し付けた場合等）などをいい，時価より低い価額で資産を譲渡した場合も，時価とその対価との差額は寄付金とみなされることがある。

法人税法上，次式の限度額を超える金額は，原則として**損金に算入されない**(法人税法第37条)。そこで，一般の寄付金の損金算入限度額は次式により求められる。

$$資本金および資本準備金の金額 \times \frac{事業年数の月数}{12(月)} \times \frac{2.5}{1,000} = 資本基準額$$

$$所得金額(寄付金損金算入前の金額) \times \frac{2.5}{100} = 所得基準額$$

$$損金算入限度額 = (資本基準額 + 所得基準額) \times \frac{1}{4}$$

なお，日本学生支援機構や社会福祉法人など特定公益増進法人に対する寄付金の損金算入限度額は，一般の寄付金とは別枠で定められている(法人税法第37条)。また国または地方公共団体および公益法人に対する寄付金である**指定寄付金**は，全額損金算入される(法人税法第37条)。

⑤　**租税公課・罰科金**

税金のうち損金不算入項目は，法人税本税・道府県民税・市町村民税・過少申告加算税・延滞税であり，損金算入項目は事業税・固定資産税・自動車税・利子税である。また罰科金(罰金・科料・過料)は損金不算入である(法人税法第38条)。

⑥　**各種引当金**

先述したように，法人税法上では，損金算入の認識については**債務確定主義**を適用しているので，引当金については，企業会計上とは異なり，別段の定めを設けて，企業会計上の引当金のうち，次の引当金についてのみ，その繰入額を損金算入として認めている。つまり，**貸倒引当金**(法人税法第52条)・**返品調整引当金**(法人税法第53条)のみである。平成30年度税制改正で，返品調整引当金制度は廃止され，令和3年3月31日までに開始する各事業年度および，令和3年4月1日から令和12年3月31日までの間に開始する各事業年度については，それぞれ経過処置が講じられる。

貸倒引当金の繰入限度額については，次のとおりである(法人税法第52条)。

(a) 個別に評価する金銭債権の場合については，各個別の金銭債権の50% を繰入限度額とする。

(b) 一括して評価する金銭債権の場合については，個別評価対象金銭債権を除く一般売掛債権等については，帳簿価額の合計額に，過去 3 年間の平均貸倒実績率を乗じて計算し，それを繰入限度額とする。

なお，資本金 1 億円以下の会社等中小企業に対しては，一括評価する債権の貸倒引当金繰入限度額の法定繰入率が別に定められている。

また，貸倒損失については，金銭債権が実際に回収不能と確定したときに損金算入される。

法人税額の計算と法人税率　第8節

法人税額を算出するにあたっては，まず所得金額を計算し，それに法人税率を乗じて，さらに税額控除を減じて算出する。つまり，次式のように算出される(法人税法第 66 条)。

　　納付すべき法人税額

　　　＝算出された法人税額(所得金額×法人税率) − 税額控除

所得金額については，第 5 節で説明したように，企業会計上の当期純利益をベースに申告調整(益金算入額と損金不算入額を加算し，益金不算入額と損金算入額を減算する)する。さらに所得の特別控除を減じて法人税額を算出する。

なお，税額控除とは，例えば法人の受取利息や受取配当金について源泉徴収された所得税額などをいう。

法人税率については，次のとおりである(法人税法第 66 条)。

大法人の基本税率は，所得金額に対して 23.2%，中小法人(資本金 1 億円以

下)については，年800万円以下の所得金額については19%の**軽減税率**(したがって，年800万円超の所得金額については23.2%)が適用される。

同族会社に対する留保金課税　第**9**節

　同族会社の場合，同族である株主等に配当をすれば，配当を受取った株主は所得税の累進税率によって大きな税負担となるから，配当をしないで，利益を企業内に留保することになる。そこで，同族会社の留保所得に対しては，通常の**法人税率**に，特別の税率を適用して計算した金額を加算する制度が，同族会社に対する**留保金課税**である(法人税法第67条)。

　なお，同族会社とは，各事業年度終了時点で，3人以下の株主等がその会社の発行済株式の50%を所有している場合をいう。

　ただし，同族会社の留保金課税の対象となるのは，特定同族会社(株主の1人が発行済株式の過半数を有している会社)で，かつ資本金1億円以上の会社である。

　同族会社に対する留保金課税は次のように計算し，通常の法人税額に加算される(法人税法第67条)。

　　　　当期留保金額−留保控除額＝課税留保金額

　　　　課税留保金額×特別税率

　なお，留保控除額については，次の(a)(b)(c)の金額のうち最も多い金額をいう(法人税法第67条)。

　　(a)　当該事業年度の所得金額の40%……**所得基準**という。

　　(b)　年2,000万円×事業年度の月数／12……**定額基準**という。

　　(c)　(期末資本金額×25%)−(期末利益積立金)……**利益積立金基準**という。

　また，特別税率については，事業年度の留保金額が年3,000万円以下の金

額については 10%，年 3,000 万円超 1 億円以下の金額については 15%，年 1
億円超の金額については 20% である。

法人税の申告と納付　第**10**節

　法人税の申告と納付については，申告納税方式を採用しているから，法人
は事業年度の終了日の翌日から 2 ヵ月以内に，確定決算に基づく確定申告書
を所轄の税務署長に提出しなければならない（法人税法第 74 条）。そして申告
書の提出期限までに，申告書に記載した法人税額を納付しなければならない
（法人税法第 77 条）。なお，事業年度が 6 ヵ月を超える場合には，その事業年
度の開始の日以後 6 ヵ月を経過した日から 2 ヵ月以内に，所轄の税務署長に
中間申告書を提出しなければならない（法人税法第 71 条）。そして中間申告に
際しても法人税を納付しなければならない（ただし，中間納付税額が 10 万円
以内の場合は申告不要）。

　法人税の申告に際しては，これまで説明してきたように，企業会計によっ
て計算された当期純利益をベースにして，法人税法の規定に従って課税所得
を算出するが，この算出にあたっては各種の明細書である別表を用いる。別
表には種々あるが，例えば，別表一（一）「各事業年度の普通法人の申告書」，
別表四「所得の金額の計算に関する明細書」等がある。

　そこで，確定申告書には，これらの各種別表，貸借対照表，損益計算書，
損益金処分表，勘定科目内訳明細書などの決算報告書を添付しなければなら
ない（法人税法第 74 条）。

損益計算書

（単位：円）

売上高	660,000,000
売上原価	528,000,000
売上総利益	132,000,000
販売費および一般管理費	77,000,000
営業利益	55,000,000
営業外収益	1,200,000
営業外費用	0
税引前当期純利益	56,200,000
法人税，住民税および事業税	19,670,000
税引後当期純利益	36,530,000

まとめ―例題―　第11節

以上の説明に従って，最後に簡単な例題を示し，確認する。

（例）　次に示す損益計算書と申告調整資料に基づいて，当期の所得金額お
　　　よび法人税額を計算せよ。なお，当企業の資本金は10億円である。

（申告調整資料）（単位：円）

①　販売費および一般管理費のうち損金不算入項目は，次のとおりであ
　　る。

　　　　役員の過大報酬額　　　1,500,000

　　　　交際費　　　　　　　　6,500,000

　　　　減価償却限度超過額　　1,000,000

②　営業外収益は，全額100%子会社からの受取配当金であり，益金不算
　　入となる。

③　税金関係の内訳は，法人税が13,960,000円，住民税が2,360,000円，
　　事業税が3,350,000円である。

（解　答）

法人税申告書別表四（所得の金額の計算に関する明細書）　　　（単位：円）

税引後当期純利益	36,530,000
（加算）	
法人税損金不算入額	13,960,000
住民税損金不算入額	2,360,000
過大役員報酬損金不算入額	1,500,000
交際費損金不算入額	6,500,000
減価償却限度超過額損金不算入額	1,000,000
（減算）	
受取配当金益金不算入額	1,200,000
所得金額	60,650,000

法人税申告書別表一（一）

所得金額 ¥60,650,000×23.2％＝税額 ¥14,070,800

（解　説）

① 所得金額＝税引後当期純利益＋損金不算入額−益金不算入額により算出する。

② 税金関係については，法人税と住民税は損金不算入であるが，事業税は損金算入される。

③ 当企業は資本金が10億円で，1億円超であるが，交際費の金額は接待飲食費の50％損金算入部分を控除した金額等であるから，全額損金不算入となる。

④ 営業外収益は100％子会社からの受取配当金であるから，全額益金不算入となる。

⑤ 当企業は資本金10億円で，1億円超であるから，法人税率は23.2％となり，軽減税率は適用されない。

《補　論》　　税効果会計

税効果会計について説明する。

　財務会計(企業会計)と税務会計との関連についての問題として，税効果会計について説明する。

　これまで本章の本文中で説明してきたように，従来から，わが国の税法では，会社法で確定した決算に基づいて税務申告をしなければならないという確定決算主義が採用されてきた。しかし，企業会計での費用と税務会計での損金，企業会計での収益と税務会計での益金の間には差異が生じる。例えば，企業会計上，費用として処理した金額が必ずしも税務会計上，同額が損金として認められるとは限らない。減価償却や貸倒れについてよくみられることである。このように，企業会計上の企業利益と，税務会計上の課税所得との間には不一致が生じる。そして，税額の計算においては，企業利益に税率を乗じて算出するのではなく，課税所得に税率を乗じて算出されるから，企業利益である税引前当期純利益と法人税額とには対応関係がないことになる。

　しかし，これでは企業にとって金額的に大きい法人税等という一種の費用を管理することができにくい。したがって，経営成績の正しい判断や分析・評価が困難となる。この点において，税効果会計は財務会計としての問題と同時に管理会計の問題として，大きな問題といえよう。

　以上のように，税効果会計とは，企業会計と税務会計との相違を調整し，損益計算書において，企業会計上の法人税費用を示すことになる。具体的には，損益計算書において，税務会計上の法人税額(実際に納付する税額)に税効果額をプラスまたはマイナスする形で，企業会計上の法人税費用を示し，貸借対照表においては，税効果額がプラスの場合には繰延税金負債が，マイナスの場合には繰延税金資産が示されることになる。

　このようにして，企業会計上の利益と税務会計上の課税所得との期間差異が法人税等調整額として損益計算書に計上され，税引前当期純利益と法人税

額とか期間的に対応することになる。

　以上について簡単な例を示せば，次のようである。

（例）　不良債権 1,000 円があり，回収困難として 100% の貸倒引当金を計
　　　上した。しかし，税務会計上はこの貸倒引当金は全額認められないとす
　　　る。なお，税引前当期純利益は 10,000 円，税率は 35% とする。

(税効果会計を適用しない場合)

損益計算書

(単位：円)

税引前当期純利益	10,000	
法人税等	△ 3,850	|(10,000 ＋ 1,000)×35%|
当期純利益	6,150	

(税効果会計を適用した場合)

損益計算書

(単位：円)

税引前当期純利益	10,000	
法人税等	△ 3,850	
法人税等調整額	350	(1,000×35%)
当期純利益	6,500	

　この例において，税効果会計を適用しない場合には，税引前当期純利益と
法人税等との比率である実効税率が 38.5% となるが，税効果会計を適用した
場合には 35% となり，税引前当期純利益と法人税等との対応関係が明確に
なる。そして，その後の期間において，不良債権が全額損金として認められ
れば，その時点で税金の支払いが減少することになる。

　要するに，税効果会計とは，期間のズレを調整することにあるのであっ
て，税金が安くなったり，高くなったりとは関係がない。この例では，税金
の前払い分があるために当期純利益が増加したようにみえるだけである。

　なお，上述のように期間的ズレによる差異である一時的差異については，
税効果会計の対象になるが，例えば，交際費は会計上，費用であるが，税務

上は原則として損金にならないから，永久にその差異は解消されない。このような永久差異については税効果会計の対象にはならない。

　税効果会計は連結会計の一環として表面化した事柄である。わが国では，従来から，連結会計においては，税効果会計は任意に選択適用が認められていたが，1998(平成10)年10月に「税効果会計に係わる会計基準」が制定されたので，2000(平成12)年3月期決算から連結財務諸表でも個別財務諸表でも税効果会計が義務づけられることになった。

(注)　法人税率等については，2022(令和4)年12月20日現在による。

〔演 習 問 題〕
1.　財務会計(企業会計)と税務会計との関係・相違について説明しなさい。
2.　税金の種類を明瞭に列挙しなさい。
3.　損金算入・不算入および益金算入・不算入について述べ，各々の例をあげなさい。
4.　留保金課税はなぜ必要か述べなさい。

(参考文献・参考サイト)
大久保昇一編〔2022〕『図解　法人税(令和4年版)』大蔵財務協会。
国税庁ホームページ〈www.nta.go.jp/〉(2022年12月20日最終アクセス)。
武田昌輔・渡辺正道〔2001〕『税務会計』大原出版。
中田信正他〔2002〕『入門会計学』中央経済社。
中田信正〔2011〕『新訂・税務会計要論』同文舘出版。
日本公認会計士協会東京会編〔2022〕『会計税務便覧』清文社。
藤井則彦〔2005〕『エッセンシャル・アカウンティング』同文舘出版。
藤井則彦・山地範明〔2009〕『ベーシック・アカウンティング(改訂版)』同文舘出版。

第8章

○ ○

監査会計(監査論)

　アカウンティングには種々の領域・分野があり，これまでそれらについて説明してきた。企業の会計行動が果たして適正であったか否かを検査することによって，アカウンティングの一連の流れが終了することになる。したがって，本章の監査会計はアカウンティングの締めくくりともいうべき内容である。そこで，本章では，監査の種類そして財務諸表を監査する会計監査を中心に，わが国の監査制度について説明する。

監査会計の必要性　第1節

　アカウンティングには種々の領域・分野があるが，監査会計(監査論)はその締めくくりともいうべき領域・分野である。つまり，企業が1年間，経営活動を行い，その間の会計記録等に基づき作成される財務諸表(損益計算書，貸借対照表，キャッシュ・フロー計算書等)が一般に公正妥当と認められている会計処理や報告に関する基準(企業会計原則・企業会計基準)に従っているか否かについて，一言でいえば，適正であるか否かについて検査するのが監査会計である。なぜならば，企業が作成する財務諸表には，資産の評価・減価償却・引当金の計上などについて経営者の主観的判断が介入するからである。その意味で，監査会計はアカウンティング全般の流れを理解していることが前提であり，非常に重要な内容である。

　監査会計，特に会計監査は客観性が要求されるため，当該企業と利害関係のない外部の第三者による監査が必要となる。ただし，第2節で説明するように，監査にも外部監査と内部監査があるから，基本的には，当該企業と利害関係のない第三者が監査すべきであるが，必ずしもそうでない場合もある。

　第1章で述べたように，アカウンティングは財務会計(外部報告会計)と管理会計(内部報告会計)とに大別されるが，監査会計がそのうちのいずれに属するかについては，一般的には，財務会計に属するといえる。なぜならば，企業を取り巻く外部利害関係者である投資家(株主)や債権者は，第三者の監査人による監査結果である監査報告書を通してのみ企業活動の結果の適否を判断することになるからである。しかし，監査を通して企業自体が反省し，将来の方向性を計画することも当然であるから，この意味では，監査会計は管理会計にも関連があるといえる。

監査の種類

監査の種類については種々の視点から分類できる。

1.　監査対象の相違による分類

　監査対象の相違によって会計監査と業務監査に分類できる。会計監査とは，人間の行為およびその結果を表現した会計情報を監査対象とし，損益計算書，貸借対照表およびキャッシュ・フロー計算書等の財務諸表を監査するから，財務諸表監査ともいう。この監査は企業内部の監査役も行うが(会社法第436条)，客観性という視点からは企業と直接の利害関係のない第三者である外部の公認会計士あるいは監査法人(5人以上の公認会計士が共同して監査業務を行う法人)が行うべきである。

　これに対して，業務監査とは，経営活動における各種業務の実態に関しての能率性や有効性を監査対象とするから，一般には，企業内部の監査課や監査役が行う(会社法第381条)。

2.　監査主体である監査人の相違による分類

　監査主体である監査人の相違によって外部監査と内部監査に分類できる。第1節でもふれたが，外部監査とは企業と直接の利害関係を有しない外部の第三者である公認会計士や監査法人による会計監査(財務諸表監査)である。これに対して，内部監査とは管理会計の観点から，企業の内部統制組織との関係で，監査課等の企業内部の監査人による監査である。なお，「金融商品取引法」により，内部統制報告書についても外部の公認会計士または監査法人による監査をうけることになったが，この点については第5節で説明する。

3. 法的に強制されているか否かによる分類

　法的に強制されているか否かによって，法定監査（強制監査）と任意監査に分類できる。法定監査とは会社法や金融商品取引法などの法律によって強制的に行なわれる監査であり，第3節でも取り上げるが，例えば，会社法では，株式会社については監査役の監査のほかに，一定規模（資本金5億円以上または負債総額200億円以上）の株式会社（会社法第2条第1項六号イおよびロ）は，会計監査人（公認会計士または監査法人）の会計監査を受けなければならないと定められている。さらに，金融商品取引法では，株式・社債を証券取引所に上場している株式会社は，財務省に提出する財務諸表については会計監査人（公認会計士または監査法人）の会計監査を受けなければならないと定められている。

　これに対して，任意監査とは，法律による強制ではなく，企業の自由意思によって行う監査であって，例えば，他の会社を買収する場合，買収先の会社の財務諸表についての監査を会計監査人（公認会計士または監査法人）に依頼する場合や，また銀行等金融機関が融資先企業の財務諸表の監査を会計監査人に依頼する場合などである。

4. 監査の実施時期による分類

　監査がいつ行われるかによって期中監査と期末監査に分類できる。期中監査とは，会計期間の途中で行われる監査であって，随時，または一定の日を定めて常時行われる監査で，取引の証票や伝票から帳簿記録の突合せを目的として行われる監査である

　これに対して，期末監査とは，決算終了後に行われる監査であって，財務諸表が一般に公正妥当と認められている会計基準である企業会計原則・企業会計基準等に従って，作成されているか否かについて監査することを目的とした監査である。なお，四半期財務諸表に対してはレビューと呼ばれる限定的な監査が実施される。

わが国の監査制度

第2節でも少しふれたが，ここでわが国の**外部監査**に関しての監査制度についてまとめて説明する。なお，会社法においては，会社を大会社と大会社以外(中小会社)に分類し，株式譲渡制限会社と株式譲渡制限会社以外に分けているが，本章では，株式譲渡制限会社以外の大会社を対象にして監査について説明する。

外部監査についての制度としては，会社法による監査と**金融商品取引法**による監査がある。

1.　会社法による監査

株式会社に関する監査制度であって，企業内部の監査役による監査が中心である。

会社法によれば，取締役は計算書類(財務諸表)を監査役に提出し，監査役の監査を受けなければならない(会社法第436条第1項および第2項)。会社法による監査は，主として債権者や株主を保護することを目的としている。このように，すべての株式会社については会社法によって監査役による**会計監査**が義務付けられている。

株式会社のうち，資本金5億円以上または負債総額200億円以上の会社(これを大会社という)については，**監査役監査**のほかに会計監査人(公認会計士または**監査法人**)による監査を受けなければならない。ただし，会計監査人による監査は会計監査に限定される。

2. 金融商品取引法による監査

　証券取引所に株式や社債を上場している株式会社(一般にいう大企業)は，上述の会社法による監査のほかに，金融商品取引法に従った会計監査人による監査を受けなければならない。金融商品取引法による監査は主として株主等投資家保護を目的としている。この場合の監査人の資格は，外部の第三者である公認会計士または監査法人に限られる。会計監査人は監査実施後，その結果を監査報告書にまとめて会社に提出しなければならない。そして，会社は「有価証券報告書」を作成して，会計監査人の監査報告書を添えて内閣総理大臣に提出しなければならない。

　「有価証券報告書」には会社の概況・事業の内容と設備の状況・営業の状況・経理の状況等について詳細に記載しなければならない。金融商品取引法(旧証券取引法)による監査は1957(昭和32)年1月1日以降に始まる事業年度から開始されたが，監査理論の主たる内容からすれば，この金融商品取引法による監査が中心といえる。

　なお，公認会計士または監査法人が監査を実施する際には，「監査基準」によることが求められているが，この点については，第4節で取り上げる。

わが国の監査基準　第4節

1. 監査基準の性質

　公認会計士または監査法人が監査を実施するにあたっては，「監査基準」に従って行われるが，これは上述の金融商品取引法による監査のみならず，会社法による監査においても守られている。

　わが国の監査基準は，1956(昭和31)年12月に大蔵省企業会計審議会から

公表された。その後，数度にわたり改訂が重ねられ，直近では 2020(令和 2)
年 11 月に改訂され，今日に至っている。

　監査基準の性質については，「監査基準」の前文「監査基準の設定につい
て」で次のように説明している。すなわち，「監査基準は，監査実務の中に
慣習として発達したものの中から，一般に公正妥当と認められたところを帰
納要約した原則であって，職業的監査人は，**財務諸表**の監査を行なうに当
り，法令によって強制されなくとも，常にこれを 遵 守しなければならない」
とある。

2.　監査の目的

　監査の目的については，監査基準の第一に次のように述べている。つま
り，財務諸表の監査の目的は，経営者の作成した財務諸表が，一般に公正妥
当と認められる**企業会計**の基準に準拠して，企業の財政状態，**経営成績**およ
びキャッシュ・フローの状況をすべての重要な点において適正に表示してい
るかどうかについて，監査人がみずから入手した監査証拠に基づいて判断し
た結果を意見として表明することにある。**財務諸表**の表示が適正である旨の
監査人の意見は，財務諸表には，全体として重要な虚偽の表示がないという
ことについて，合理的な保証を得たとの監査人の判断を含んでいる。

　なお，従来の監査基準は，上記の一般目的の財務諸表を対象としていた
が，2014(平成 26)年の監査基準の改訂により，特別の利用目的に適合した
会計の基準に準拠して作成された特別目的の財務諸表についての意見表明の
可能性についても追加された。特別目的の財務諸表については，当該財務諸
表の作成にあたって適用された会計の基準に準拠して作成されているかどう
かという，準拠性に関する意見を表明することが適切とされる。

3. 監査基準の体系

監査基準は「一般基準」・「実施基準」・「報告基準」の3つの基準から成っている。

「一般基準」は，「実施基準」と「報告基準」のすべてをカバーする基準である。そしてその内容として次のような事柄をあげている。

① 「監査人は，職業的専門家として，その専門能力の向上と実務経験等から得られる知識の蓄積に常に努めなければならない」（監査人の適格性要件）（一般基準の1）。

② 「監査人は，監査を行なうに当たって，常に公正不偏の態度を保持し，独立の立場を損なう利害や独立の立場に疑いを招く外観を有してはならない」（監査人の独立性要件）（一般基準の2）。

③ 「監査人は，職業的専門家としての正当な注意を払い，懐疑心を保持して監査を行なわなければならない」（監査人の職業的義務）（一般基準の3）。

④ 「監査人は，財務諸表利用者に対する不正な報告あるいは資産の流用の隠蔽を目的とした重要な虚偽の表示が，財務諸表に含まれる可能性を考慮しなければならない。また，違法行為が財務諸表に重要な影響を及ぼす場合があることにも留意しなければならない」（不正等に起因する虚偽表示への対応と監査人の責任）（一般基準の4）。

⑤ 「監査人は，監査計画及びこれに基づき実施した監査の内容並びに判断の過程及び結果を記録し，監査調書として保存しなければならない」（監査調書の作成と保存）（一般基準の5）。

⑥ 「監査人は，自らの組織として，全ての監査が一般に公正妥当と認められる監査の基準に準拠して適切に実施されるために必要な質の管理（以下「品質管理」という。）の方針と手続を定め，これらに従って監査が実施されていることを確かめなければならない」（監査事務所レベルでの監査の品質管理）（一般基準の6）。

⑦　「監査人は，監査を行うに当たって，品質管理の方針と手続に従い，
　指揮命令の系統及び職務の分担を明らかにし，また，当該監査に従事す
　る補助者に対しては適切な指示，指導及び監督を行わなければならな
　い。」(監査業務レベルでの監査の品質管理)(一般基準の7)。

⑧　「監査人は，業務上知り得た事項を正当な理由なく他に漏らし，また
　は窃用してはならない」(監査人の守秘義務)(一般基準の8)。

「実施基準」とは，監査人が実際に監査する際の監査人の判断を規制する
基準である。実施基準の構成は，まず「基本原則」で監査の実施全般に共通
する基礎的基準を示し，次いで「監査計画の策定」「監査の実施」という監
査手順に従っている。

なお，1991(平成3)年の監査基準の改訂によりリスク・アプローチに基づ
く監査が導入され，その後，2002(平成14)年の監査基準の改訂によりその
枠組みが明確化が図られた。リスク・アプローチとは，虚偽の表示の可能性
が高い事項に重点的に監査資源(監査人員や監査時間)を充てることで効果的
かつ効率的な監査を実施することである。さらに，2014(平成26)年の監査
基準の改訂では，特別目的の財務諸表には多種多様な財務諸表が想定される
ことから，監査人は特別目的の財務諸表の監査を行うに当たり，当該財務諸
表の作成の基準が受け入れ可能かどうかについて十分な検討を行わなければ
ならないことが明記された。

「報告基準」とは，監査人が監査の実施を通して自己の意見を形成し，意
見を表明するにあたっての判断規準と，その判断をふまえた監査報告書の記
載内容を定めたものである。この基準の構成は，一　基本原則／二　監査報告
書の記載区分／三　無限定適正意見の記載事項／四　意見に関する除外／五
監査範囲の制約／六　継続企業の前提／七　監査上の主要な検討事項／八　そ
の他の記載事項／九　追記情報の9つの項目から構成される。

一の基本原則について説明する。

①　基本原則1では，監査の目的に示された趣旨に則り，監査人が意見を
　表明するという意見表明の基本を示している。

② 基本原則2では，適正性の判断にあたっての実質判断を示しており，会計基準への準拠性については「企業会計の基準に準拠して継続的に適用されているかどうかのみならず，その選択及び適用方法が会計事象や取引を適切に反映するものであるかどうか並びに財務諸表の表示方法が適切であるかどうかについても評価しなければならない」と指示している。

③ 基本原則3では，「監査意見の表明に当たっては，監査リスクを合理的に低い水準に抑えた上で，自己の意見を形成するに足る合理的な基準を得ること」を指示している。

④ 基本原則4では，「重要な監査手続を実施できなかったことにより，自己の意見を形成するに足る合理的な基礎を得られないときは，意見を表明してはならない」ことを明確にしている。

⑤ 基本原則5では，意見表明に先立って意見審査を受けなければならないことを指示している。

二の監査報告書の記載区分について説明する。

監査報告書の基本的な記載区分は，「監査人の意見」，「意見の根拠」，「経営者及び監査役等の責任」，「監査人の責任」の4区分から構成される。そして，具体的な記載内容については，まず，無限定適正意見の場合の記載事項を基本として規定しており，この場合の取り扱いが指示されている。

なお，監査報告書は，**短文式監査報告書**と**長文式監査報告書**があるが，わが国の場合，短文式監査報告書である。ただし，2018（平成30）年改訂の監査基準によって，「監査上の主要な検討事項」（KAM：Key Audit Matters）の記載が求められることとなり，監査意見の形成プロセスに関する情報の開示が図られている。

三の無限定適正意見の記載事項について説明する。

監査報告書の記載区分の規定を受けて，次に無限定適正意見の記載事項を定め，監査報告書の基本的な記載について示しており，「監査人の意見」，「意見の根拠」，「経営者及び監査役等の責任」，「監査人の責任」に分けて，それぞれ記載する事項を指示している。

　「監査人の意見」については，監査対象とした財務諸表の範囲，および経営者の作成した財務諸表が，一般に公正妥当と認められる企業会計の基準に準拠して，企業の財政状態，経営成績およびキャッシュ・フローの状況をすべての重要な点において適正に表示していると認められることを記述する。

　「意見の根拠」については，一般に公正妥当と認められる監査の基準に準拠して監査を行ったこと，監査の結果として入手した監査証拠が意見表明の基礎を与える十分かつ適切なものであることを記述する。

　「経営者及び監査役等の責任」については，経営者には，財務諸表の作成責任があること，財務諸表に重要な虚偽の表示がないように内部統制を整備および運用する責任があること，継続企業の前提に関する評価を行い必要な開示を行う責任があることを記述する。監査役等には，財務報告プロセスを監視する責任があることを記述する。

　「監査人の責任」については，監査人の責任は独立の立場から財務諸表に対する意見を表明することにあることを記述する。監査の基準は監査人に財務諸表に重要な虚偽の表示がないかどうかの合理的な保証を得ることを求めていること，監査は財務諸表項目に関する監査証拠を得るための手続を含むこと，監査は経営者が採用した会計方針およびその適用方法ならびに経営者によって行われた見積りの評価も含め全体としての財務諸表の表示を検討していること，監査手続の選択および適用は監査人の判断によること，財務諸表監査の目的は，内部統制の有効性について意見表明するためのものではないこと，継続企業の前提に関する経営者の評価を検討すること，監査役等と適切な連携を図ること，監査上の主要な検討事項を決定して監査報告書に記載することが求められる。

　四の意見に関する除外について説明する。

　これは，除外事項を付した限定付適正意見の表明の規準を定めたものである。つまり，経営者が採用した会計方針の選択およびその適用方法ならびに財務諸表の表示に関して不適切なものがあり，無限定意見を表明することができない場合について指示している。

　さらに，「不適正意見」の判断について指示している。つまり，著しく不適切なものがあり，財務諸表が全体として虚偽の表示に当たると判断した場合には，財務諸表が不適正である旨およびその理由を記載することとしている。

　五の監査範囲の制約について説明する。

　重要な監査手続ができなかった場合の取り扱いについては，監査範囲の制約として規定されている。つまり，監査手続ができなかったということは，監査手続を駆使しても監査要点に適合した十分かつ適切な監査証拠が入手できず，監査意見を形成するに足る合理的基礎が得られない事項があったということである。したがって，重要な監査手続が実施できなかったことにより，財務諸表に対する意見表明のための合理的な基礎を得ることができなかったときには，意見の表明をしてはならないと規定している。この場合には，意見を表明しない旨とその理由を記載することとしている。

　さらに，いわゆる未確定事項がある場合についての取り扱いが規定されている。つまり，監査意見を形成するための合理的な基礎が得られないことは意見を表明しない要件ではあるが，単に判断が難しいということで，監査人が責任を回避するために意見の表明を避けるようなことがあってはならないという趣旨も含まれている。

　六の継続企業の前提について説明する。

　継続企業（ゴーイング・コンサーン）の前提に重要な疑義が認められるときに，その重要な疑義にかかわる事項が財務諸表に適切に記載されていると判断して無限定適正意見を表明するという場合においても，当該重要な疑義に関する事項について監査報告書に追記しなければならないとしている。つまり，追記情報の記載は必須としている。

　また，継続企業の前提に重要な疑義が認められるときに，その重要な疑義にかかわる事項が財務諸表に適切に記載されていないと判断した場合は，「除外事項を付した限定付適正意見」か「不適正意見」となるとしている。

　さらに，上述の判断にあたって，経営者がその疑義を解消させるための合理的な経営計画等を提示しないときは，監査人にとっては，意見形成のため

の合理的な基礎が入手できないことになるので，重要な監査手続が実施できなかった場合に準じて意見の表明の適否を判断することとしている。

　最後に，継続企業を前提として**財務諸表**を作成することが適切でない場合には，継続企業を前提とした財務諸表については不適正である旨の意見を表明し，その理由を記載しなければならないとしている。

　ゴーイング・コンサーン規定に関連して，開示が必要な主なリスク要因について，日本公認会計士協会の監査・保証実務委員会報告第 74 号「継続企業の前提に関する開示について」(最終改正 2009 年 4 月)は，売上高の著しい減少，重要なマイナスの営業キャッシュ・フローの計上，債務超過，借入金の返済の困難性，債務免除の要請，主要な市場または得意先の喪失，巨額な損害賠償金の負担の可能性，ブランドイメージの著しい悪化等を挙げている。また，日本公認会計士協会の監査基準報告書 570「継続企業」(最終改正 2022 年 10 月)は，国際的な基準との整合性を図り，継続企業の前提に関する評価およびその監査報告書への影響についての指針を設けている。

　七の監査上の主要な検討事項(KAM)について説明する。

　監査人は，監査の過程で監査役等と協議した事項の中から特に注意を払った事項を決定した上で，その中からさらに，当年度の財務諸表の監査において，職業的専門家として特に重要であると判断した事項を監査上の主要な検討事項として決定しなければならないとしている。

　また，監査人は，監査上の主要な検討事項として決定した事項について，監査上の主要な検討事項の内容，監査人が監査上の主要な検討事項であると決定した理由および監査における監査人の対応を監査報告書に記載しなければならないとしている。

　八のその他の記載事項について説明する。

　監査人は，その他の記載内容を通読し，当該その他の記載内容と財務諸表または監査人が監査の過程で得た知識との間に重要な相違があるかどうかについて検討しなければならない。また，監査人は，通読および検討に当たって，財務諸表や監査の過程で得た知識に関連しないその他の記載内容につい

ても，重要な誤りの兆候に注意を払わなければならないとする。

　監査人は，その他の記載内容に関して，その範囲，経営者および監査役等の責任，監査人は意見を表明するものではない旨，監査人の責任および報告すべき事項の有無ならびに報告すべき事項がある場合はその内容を監査報告書に記載しなければならない。

　九の追記情報について説明する。

　追記情報として，会計方針の変更，重要な偶発事象，重要な後発事象をあげ，監査人が強調することまたはその他説明することが適当と判断した事項について監査報告書にそれらを区分した上で，情報として追記するとしている。

内部統制監査

内部統制報告制度の導入・適用

第5節

　企業の不正や不祥事を防止する目的で，内部統制(internal control)監査の重要性が増し，そのために，内部統制監査について金融商品取引法第24条の4の4に基づき，2008(平成20)年4月1日以後に開始する事業年度から，上場会社を対象として，経営者は内部統制報告書を作成し，これを公認会計士または監査法人が監査するという二重責任の原則が整備されることになった。公認会計士または監査法人の監査を受けた内部統制報告書は，各事業年度ごとに内閣総理大臣に提出しなければならない。内部統制報告書を偽った場合には罰則規定が設けられている。

　内部統制の目的は，①業務の有効性・効率性，②財務報告の信頼性，③法令遵守，④資産の保全の4つがあげられるが，内部統制報告書はこのうちの②を目的としたものである。

　内部統制報告書を作成するメリットとしては，企業の信頼性向上により，企業の収益や社会的地位の向上につながるが，半面，デメリットとしては社員教育や運用のために膨大なコストと時間を必要とする。特に，初期費用が

膨大であり，また内部統制は完成するものではないから，継続的コストが問題である。このため報告書の内容については毎年見直しが必要であろう。

わが国の監査についての現状と将来
会社法改正と関連して
第6節

　監査という任務の重要性からすれば，種々の監査人が，各々の角度から監査することは好ましいことである。しかし，わが国の監査制度においては監査役が形骸化している現状，そして昨今の企業倒産に際して監査人の責任問題が社会問題になっている事実からすれば，監査役制度の改正が必要であることは当然であろう。また，従来のわが国のコーポレートガバナンス（企業統治）の特徴は，生え抜き社員で構成する取締役・監査役による経営そして企業間の株式持ち合いによる安定株主化，さらにメインバンクによる経営支配であった。ところが，バブル経済崩壊後の不良債権問題が表面化したことにより，株式持ち合いやメインバンク制が崩壊し，経営責任が問われる種々の事件が噴出した。そこで，従来の日本型経営のゆがみを是正し，海外企業との競争に打ち勝てるような制度の整備が求められてきた。

　このような背景により，旧商法では監査役のあり方を検討してきた。そしてそれを受けて会社法では，資本金5億円以上または負債総額200億円以上の公開大会社（会社法第2条6項イおよびロ）については，従来の監査役制度を採用する「監査役会設置会社」か，米国型の「指名委員会等設置会社」，あるいはこれらの中間的な性格を持つ「監査等委員会設置会社」のいずれかの方式を採用できるようになった。東京証券取引所（2022）によれば，2022年7月時点で上場企業全3,770社のうち，監査役会設置会社は2,290社（60.7%），監査等委員会設置会社は1,392社（36.9%），指名委員会等設置会社は88社（2.3%）であり，監査役会設置会社と監査等委員会設置会社がほぼすべてとなっている。

　従来からの監査役制度である**監査役設置会社**を採用する場合には，監査役全員による**監査役会**が組織され(会社法第 328 条第 1 項)，監査役会設置会社の監査役は 3 名以上でかつそのうち半数以上は**社外監査役**でなければならない(会社法第 335 条第 3 項)。社外監査役は，過去に当該株式会社またはその子会社の取締役・会計参与・執行役・支配人その他の使用人になったことがない者と規定されている(会社法第 2 条第 16 項)。また監査役の互選により**常勤監査役**を置かなければならない(会社法 390 条第 3 項)。この場合，監査役は会計監査のみならず，業務監査も実施しなければならない。会計監査のみの場合は監査役設置会社には該当しない。

　指名委員会等設置会社を採用する場合は，取締役会の中に**指名委員会**(取締役候補の選任，解任に関する議案を決める委員会)(会社法第 404 条第 1 項)・**監査委員会**(経営監査などを担当する委員会)(会社法第 404 条第 2 項)・**報酬委員会**(取締役などの報酬を決める委員会)(会社法第 404 条第 3 項)の 3 つの委員会を設置し(会社法第 2 条第 12 号)，各委員会は取締役 3 名以上で組織され，そのうち過半数は**社外取締役**で構成される(会社法第 400 条第 1 項および第 3 項)。そして取締役会の決議によって選任された**執行役**がおかれ，業務執行を行う(会社法第 402 条第 1 項)。このようにして，経営の監督機能と業務執行機能を分離する。なお，執行役は取締役を兼ねることはできる。指名委員会等設置会社の場合は，会計監査人は必ず設置する必要があり(会社法第 327 条第 5 項)，また監査役を置くことはできない(会社法第 327 条第 4 項)。

　監査等委員会設置会社制度は 2014(平成 26 年)の会社法により導入された新たな制度であり，従来の「監査役会設置会社」と米国型の「指名委員会等設置会社」の中間的な性格を有するものである。監査等委員会設置会社を採用する場合，監査役に代えて，株主総会で選任された業務執行には従事しない 3 名以上の**監査等委員**である取締役により**監査等委員会**が設置される(会社法 331 条第 6 項)。また，監査等委員会の過半数は**社外取締役**でなければならないことが規定されている(会社法 331 条第 6 項)。この制度によって，業務執行に従事しない取締役と社外取締役による業務執行を行う経営者に対

する監視機能が確保されることになる。

《補　論》　職業会計人

職業会計人について説明する。

第7章の税務会計と本章の監査会計に関連して，職業会計人について説明する。職業会計人としては公認会計士と税理士がある。

公認会計士となるためには，公認会計士法に定める国家試験である公認会計士試験に合格しなければならない。そして，公認会計士の業務は，法定監査における財務諸表の監査および証明，財務諸表の調整，財務に関する調査・立案・相談などである。また昨今，内部統制監査も担当しなければならない。

税理士になるためには，税理士法に定める国家試験である税理士試験に合格する他に，公認会計士ならびに弁護士にも資格が与えられている。そして，税理士の業務は，納税義務者のために税務書類の作成，税務申告の代理そして税務相談などである。この点については，第7章でも説明したが，納税義務者である個人や法人が自ら所得および税額を計算して，申告・納税するという申告納税制度が採られているが，税務については専門の知識・技術を必要とするため，納税義務者に代わって，これらの業務を行うわけである。

〔演習問題〕
1.　監査はなぜ必要であると思いますか。
2.　監査の種類を列挙しなさい。
3.　わが国の監査制度について説明しなさい。
4.　監査基準の一般基準について説明しなさい。
5.　職業会計人の役割について説明しなさい。

(参考文献)
石田三郎・林恭造編著〔1995〕『監査の理論と実践』中央経済社。

174

石田三郎編著〔1996〕『監査論の基礎知識』東京経済情報出版。

伊豫田隆俊・松本祥尚・林隆敏〔2022〕『ベーシック監査論(九訂版)』同文舘出版。

蟹江章・井上善弘・栗濱隆一郎〔2022〕『スタンダードテキスト監査論』中央経済社。

企業会計審議会〔2020〕『監査基準の改訂に関する意見書』(最終改正 2020 年 11 月)。

東京証券取引所〔2022〕「東証上場会社における独立社外取締役の選任状況及び指名委員会・報酬委員会の設置状況」(8 月 3 日)。

日本公認会計士協会〔2009〕監査・保証実務委員会報告第 74 号「継続企業の前提に関する開示について」(最終改正 2009 年 4 月)。

日本公認会計士協会〔2022〕監査基準報告書 570「継続企業」(最終改正 2022 年 10 月)。

八田進二・高田敏文〔2002〕『新監査基準を学ぶ』同文舘出版。

藤井則彦〔2005〕『エッセンシャル・アカウンティング』同文舘出版。

藤井則彦・山地範明〔2009〕『ベーシック・アカウンティング(改訂版)』同文舘出版。

吉田和夫・大橋昭一編著〔2006〕『基本経営学用語辞典(四訂版)』同文舘出版。

索　引

176

〔か 行〕

〈著者紹介〉

藤井　則彦（ふじい・のりひこ）　　第1章，2章，7章，8章

1969年　関西学院大学大学院商学研究科博士課程修了
京都産業大学名誉教授・博士(商学)
〈主著〉
『日本の会計と国際会計(増補第3版)』(単著)中央経済社，1997年。
『中東欧諸国の会計と国際会計基準』(編著)同文舘出版，2003年。
『エッセンシャル・アカウンティング』(単著)同文舘出版，2005年。
『財務管理と会計—基礎と応用—(第4版)』(単著)中央経済社，2010年。
『スタートアップ財務管理と会計—コーポレート・ガバナンス，日本企業の
　　経営組織との関連で—』(共著)中央経済社，2020年。

藤井　博義（ふじい・ひろよし）　　第1章，2章1節～7節，5章，6章，7章

2005年　大阪市立大学大学院経営学研究科博士後期課程単位取得
現　　在　立正大学経営学部教授
〈主著〉
『社会・組織を構築する会計—欧州における学際的研究』(共訳)中央経済
　　社，2003年。
『地域再生と文系産学連携』(共著)同友館，2014年。
『中小企業のリバース・イノベーション』(共著)同友館，2018年。
『スタートアップ財務管理と会計—コーポレート・ガバナンス，日本企業の
　　経営組織との関連で—』(共著)中央経済社，2020年。

威知　謙豪（たけち・のりひで）　　第2章8節・9節，3章，4章，8章

2007年　京都産業大学大学院マネジメント研究科博士後期課程修了，博士
　　　　　(マネジメント)
現　　在　中部大学経営情報学部准教授
〈主著〉
「資本利益率の価値関連性に関する実証研究—証券市場からみた資本と利益
　　の関係—」(共著)，『年報経営分析研究』第27号，2011年3月
『特別目的事業体と連結会計基準』同文舘出版，2015年。
『スタートアップ財務管理と会計—コーポレート・ガバナンス，日本企業の
　　経営組織との関連で—』(共著)中央経済社，2020年。
「金融資産の認識中止に関するわが国会計基準の見直しに向けた検討内容の
　　考察」『会計・監査ジャーナル』第801号，2022年4月。

2007 年10月10日	初 版 発 行	
2009 年 4 月17日	初 版 2 刷 発 行	
2011 年 4 月 1 日	新 訂 版 発 行	
2014 年 3 月10日	新訂版 3 刷発行	
2014 年12月25日	三 訂 版 発 行	
2022 年 3 月 3 日	三訂版 6 刷発行	
2023 年 3 月15日	四 訂 版 発 行	略称：チャレンジ(四)

チャレンジ・アカウンティング（四訂版）

著　者 ©	藤	井	則	彦
	藤	井	博	義
	威	知	謙	豪
発 行 者	中	島	豊	彦

発行所　同 文 舘 出 版 株 式 会 社

東京都千代田区神田神保町1-41　〒101-0051
営業 (03)3294-1801　　編集 (03)3294-1803
振替 00100-8-42935　http://www.dobunkan.co.jp

Printed in Japan 2023　　　　　　　　印刷・製本：三美印刷
装丁：オセロ

ISBN978-4-495-18755-2